法學啟蒙叢書

民法系列——

民法上
權利之行使

林克敬　著

Exercise of Right
—— in Civil Law

Civil Law

三民書局

國家圖書館出版品預行編目資料

民法上權利之行使 / 林克敬著. －－初版一刷. －－臺
北市：三民，2009
面；　公分. －－(法學啟蒙叢書)

ISBN 978-957-14-5127-5　(平裝)

1. 民法 2. 權利

584.16　　　　　　　　　　　　　　　97022171

© 民法上權利之行使

著 作 人	林克敬
責任編輯	容君玉
美術設計	陳健茹
發 行 人	劉振強
著作財產權人	三民書局股份有限公司
發 行 所	三民書局股份有限公司
	地址　臺北市復興北路386號
	電話　(02)25006600
	郵撥帳號　0009998-5
門 市 部	(復北店)臺北市復興北路386號
	(重南店)臺北市重慶南路一段61號
出版日期	初版一刷　2009年7月
編 號	S 585830

行政院新聞局登記證局版臺業字第○二○○號

ISBN　978-957-14-5127-5　(平裝)

http://www.sanmin.com.tw　三民網路書店

自 序 ———————preface

本人非常榮幸能受到三民書局邀請，撰寫法學啟蒙叢書中民法系列中的一部分——民法上權利之行使。此一題目雖然僅是民法中的一小部分，但因權利的行使貫穿在整部民法典的各編，可見此部分在民法中扮演非常重要的角色，是民法的初學者必須特別重視的一環，能夠掌握民法上權利行使的基本觀念，將對學習民法各編有相當的助益。

民法是規範人民之間權利、義務的法規範，當一方有權利即意味著另一方有義務。行使權利聽起來很簡單，但是真正在行使權利之時往往會有層出不窮的問題產生，例如權利的範圍到底有多廣？常處於模糊狀態，正因為這些問題的產生，所以民法總則中才用第七章專門規範權利之行使，這一章包含了第 148 條到第 152 條等五條條文，本書的目的就是為了說明這短短的五條條文。

有權利的一方在行使權利時，必須先明瞭其所行使的是何種權利，因此本書的第一章主要敘述權利的種類、權利行使的意義及方式。由於民法上的權利並不是絕對的，簡單的說，民法上的權利是有範圍、有界限的，行使權利時如超過權利的範圍、界限就可能構成權利濫用。本書的第二章主要敘述禁止權利濫用原則，將違反誠實信用原則、善良風俗、公共利益的權利之行使及惡意的權利之行使都歸類為權利之濫用。本書的第三章主要敘述誠實信用原則，人與人的相處必須以善意和睦相互對待，這是人盡皆知的道理，即使涉及到利害關係時也必須講究信用，所以誠實信用早已是一般民眾公認的道德。立法者已在民法中將誠實信用這一項基本道德提升為法律，因此在行使權利時，必須用誠實信用的方法。

　　第二章〈禁止權利濫用原則〉與第三章〈誠實信用原則〉的主題乍看之下似乎有極大的不同，但其實在某種程度上兩者是一體的兩面，或者可稱禁止權利濫用原則是誠實信用原則的反面規定或下位原則，但是禁止權利濫用原則已經發展成為獨立的原則，因此，兩者皆為民法的基本原則，也被稱為民法的一般條款。兩者因為在民法中皆可發揮巨大的功能，自然在民法中享有特殊的地位，尤其誠信原則又常被稱為「帝王條款」，可見其地位之崇高。無論是禁止權利濫用原則或誠實信用原則，在民法的立法與司法中都曾產生重大的影響，所以第二章與第三章特別強調其在立法中的指導作用，在司法中授與法官自由裁量權，甚至立法者早已在過去的立法中將此兩原則融入民法各編的規定中，使其成為具體的法律規定。另由於這兩項具有雙面刃效果的武器掌握在法官的手裡，其在審判中的運用必須特別小心，所以本書也特別論述其在司法中的適用與應用，以避免該原則被濫用。

　　本書的第四章則是論述權利的保護問題，亦即在何種情況之下可以用私力救濟的方式（正當防衛、緊急避難與自助行為）以保護自己的權利，從另一個角度而言，民法允許用這種私力救濟的方式來保護自己的權利也屬權利行使的一種方式，而且有行使界限的問題，超過一定的界限也屬權利濫用。

　　本書的完成是建立在諸多學者過去的努力成果，所獲得的精華應歸功於這些學者們的貢獻。而本書得以出版則再一次顯現出三民書局為法學書籍出版的熱忱。

林克敬

2009 年 6 月

CONTENT

民法上
權利之行使

自　序

第一章　民法上權利之行使

▶▶▶ 第二章　禁止權利濫用原則

第八節
案例研究 **063**

▶▶▶ 第三章　誠實信用原則

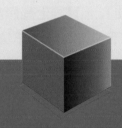

01

第一章

民法上權利之行使

本書所要探討者，為民法上權利的行使，之所以以此為名作為探討的主題，是因我國民法總則編第七章之標題即為「權利之行使」。除此之外，又特別是因為我國民法第 148 條如此規定：「權利之行使，不得違反公共利益，或以損害他人為主要目的。行使權利，履行義務，應依誠實及信用方法」。民法第 148 條第 1 項通常被稱為「禁止權利濫用原則」（本書第二章之標題）；其第 2 項通常被稱為「誠實信用原則」（本書第三章之標題），有許多學者甚至將「誠實信用原則」冠以「帝王條款」之美譽。探討「權利」之「行使」時，不得濫用權利且必須符合「誠實信用原則」之要求（民法第 148 條之規定），且必須對於「權利」之概念與「行使權利」之行為方式先做說明，才能對其進一步的深刻的認識奠下基礎。不過，應特別注意者，我國民法總則編第七章之標題雖為「權利之行使」，但實際上尚包含以私力之方式對於「權利之保護」（本書第四章之標題）（民法第 149 條至第 152 條）之規範，此種以私力之方式對於自己權利之保護，亦屬權利行使之一種方式；於其行使之時，如有過當或不符合法律構成要件，亦屬權利濫用之問題，因此權利保護問題也是本書要探討的範圍。

01 第一節　權利的概念與歷史發展

一、權利的概念

從民法的第二編債、第三編物權、第四編親屬及第五編繼承之編名，可讓人立刻聯想到各種與債、與物權、與親屬及與繼承相關的權利。民法中的權利有人以「權利之標的」為標準將其區分為「財產權」與「非財產權」；也有人以「權利之效力」的強弱將其區分為「絕對權」與「相對權」；更有人以「權利之作用」將其區分為「請求權」、「支配權」、「形成權」與「抗辯權」。但是如果進一步問到「權利本質」的問題，即如何對權利下一個完整的定義，就不是一件容易的事情。正因為對權利下定義是一件不容

易的事情，所以本書僅打算論述權利的概念與歷史發展，並不打算對權利做出一個定義，其原因是權利二字看似簡單，但要對其做出一完美無缺的定義卻非易事。不過，這並不表示法律學者們不想對權利做出一個定義，過去一、兩百年來一直有學者想要為權利下定義，但大部分的定義皆有若干的缺陷。其中以十九世紀德國學者對於權利的定義最為熱衷，主要分為兩個派別。第一個派別是以薩維尼 (Savigny)、普赫塔 (Puchta) 和溫德賽特 (Windscheid) 等學者為代表，渠等認為權利是指一個人意思力或意思可支配 (Willensmacht oder Willensherrschaft) 的東西，認為權利人可以依據權利自由地發展其意思。❶ 此派別之學說被稱為「意思說」，「意思說」的缺點是無法說明無意思能力之未成年人及精神病人之權利從何而來。第二個派別是以耶林 (Rudolf von Jhering) 為代表，其強調權利授予的目的，是為了滿足特定的利益。在耶林看來，權利即是受法律保護的利益。❷ 此派別之學說被稱為「利益說」，「利益說」的缺點是無法說明法律上有權利而無利益（例如親權、夫妻日常家務代理權）或受有利益而法律上無權利（例如市政府設置路燈，行人雖因而受利益，但並無權利）。除了上述兩派別外，尚有「自由說」、「資格說」等派別，在各種學說中，耶林的「利益說」後來逐漸較占上風，因為權利大都與利益有密切之關係，而與有無意思較無必然的關係。為了對利益說的缺點做出修正，後來產生了「法律利益說」（法律力說），該說認為法律是為特定人之利益而賦予之力。❸

二、「權利」一詞的由來

從歷史文獻的考察得知，「權利」一詞並非中文固有的用法，中文通常的用法是將「權」與「利」分開使用，將「權利」一詞合起來使用是翻譯自日本的用法，而日本對於權利一詞的用法又是來自西方國家。在西方語

---

❶ 梅迪庫斯，《德國民法總論》，邵建東譯，頁 62，法律出版社，2006 年 2 月第 3 次印刷。

❷ 梅迪庫斯，《德國民法總論》，邵建東譯，頁 63。

❸ 何培生，《民法總則詳論》，頁 21，自刊，1960 年 9 月初版。

言中，「權利」一詞可以追溯到羅馬拉丁語 "jus" 或 "ius"，但它原來只代表公平或正義的行為或情況，❹後來才逐漸演變成「法律」與「權利」。即便現今英文的權利 right 或德文的權利 Recht 也都仍有「正當」的意思。

事實上，我們現在所常用的「權利」概念源自於羅馬法，此一用詞與概念在中世紀經由歐洲學者的極力提倡，歐洲人民的權利意識乃逐漸濃厚，到了法國大革命時期，權利的意識達到巔峰。從西方國家對於權利的生成與演進過程得知，希臘人尚未有明顯的權利觀念，但他們所講的正義和用於特定場合的正當行為，即是他們心目中的權利觀念，所以，權利的原始意義即意味著正當的事物。後來羅馬人用法律來支持凡是正當的或正義的事情，即權利問題。

三、從「義務本位」到「權利本位」及「權利的社會化」

根據權利的發展過程，我們可將其分為以下三個階段：「義務本位」、「權利本位」及「權利的社會化」。

（一）義務本位

所謂「義務本位」是指法律的規範是從「義務」出發，強調「義務」的重要性。如上所述，「權利」的概念，是在中世紀以後才逐漸形成的，那麼在此之前為何不能充分、盡快的形成「權利」的概念？對於此一問題的回答，必須先從法律與權利的關係說起。法律是人類社會生活的規範，法律的主要作用是用來規範人的權利與義務，而權利與義務又是相對立的概念，這兩個對立的概念的發生先後決定了權利概念的形成。從社會進化之歷史觀察，義務之觀念實先於權利而發生，此可從人類原始的規範大都皆為禁止規定得知，例如《舊約聖經》中的十誡中大部分都是禁止規定，這些禁止規定就是義務，即便是命令性的規定如「要孝順父母」也是一種義

---

❹ 蔣立軍，《權利失效制度之研究》，頁 3，對外經濟貿易大學碩士論文，2007 年。

務。李宜琛教授謂：「吾人法律生活之中心，即依義務之觀念而發達。此等義務觀念之始，原為對於社會中心之服從義務，因其服從之結果，團體構成員相互間法律上之義務始行確定。因有勿殺之義務，於是人類之生命始有保障；因有勿盜人財務之義務，從而有物權之觀念。足證法律規範發生之始，實以義務為本位」。❺

(二) 權利本位

所謂「權利本位」是指法律的規範是從「權利」出發，強調「權利」的重要性。近代各國民法的產生以西元 1804 年的《法國民法典》為典範，《法國民法典》的制定已是在法國大革命之後，當時「天賦人權」的觀念早已深植於歐洲人民的心中，所以制定民法典時就採取以權利為思想之核心。該法典充斥著絕對權利的思想，被稱為「權利本位」，甚至以「個人本位」稱之亦不為過。直到今天，世界各國的民法典之所以以「權利本位」作為立法基礎，除了上述的人權思想受到特別重視之外，另一重要原因是仿效《法國民法典》的立法技術。

(三) 權利的社會化

所謂「權利的社會化」是指法律的規範不能僅僅以「權利」為出發點，還必須考量整個社會之利益。《法國民法典》經過五十年的實驗之後，即逐漸暴露出缺點，例如強調私權的絕對主義造成強壓弱等許多形式上雖然正義，但實質上卻不正義的事件。法國與德國法律社會學家們看到此種情形便加以批評並呼籲改革，民法理論遂對「權利本位」做出了修正。西元 1900 年開始生效實施的《德國民法典》中已出現了諸如「權利濫用之禁止」（德國民法第 226 條）、「債權的行使，應依誠實信用之原則」（德國民法第 242 條）之規定。西元 1907 年的《瑞士民法典》也有類似的規定「行使自己之權利及履行自己之義務，應依誠實及信用為之。權利顯然濫用者，不受法律之保護」（瑞士民法第 2 條）。這種對於「權利本位」之修正舉措顯然是

❺　李宜琛，《民法總則》，頁 42，自刊，1963 年 3 月臺 5 版。

為了使社會能更和諧的發展，但這並不表示必須放棄「權利本位」；雖然有許多學者認為今日早已進入「社會本位」時代，惟觀諸各國民法的具體內容主要還是以權利為中心，因此現今各國的民法實不能稱之為「社會本位」的民法，頂多僅能稱之為「權利社會化」的民法。權利社會化的理由是：「人群共處，各有所需，涉及不同的利益，不免發生衝突，為維護社會生活，自須定其分際，法律乃於一定要件之下，就其認為合理正當的，賦予個人某種力量，以享有其利益。法律是對權利與義務關係的分配，因而法律規定了權利與義務的界限，故法律就是權利與義務的尺度。法律界限就是權利行使的界限，從權利與義務關係的角度分析，權利的界限就是義務的界限，義務的界限也是權利的界限」。❻而上述「權利之界限」的觀念是奠基於「權利社會化」的思想。

從以上的說明，對於權利概念之發展演變，應可得到如下的結論：

1.人類最初的法律生活講究的是義務，權利在最原始的意義上是指正當的或正義的事情。

2.權利概念的正式提出是由希臘人與羅馬人對正當的事情的認識形成的，直到十九世紀才由法國人發揮到淋漓盡致的地步。

3.個人權利只有在社會關係之網中才能存在，故對於權利的行使在一定條件下必須受到限制，亦即權利當中附帶有義務，此乃「權利之社會化或義務化」之必然結果。「權利之社會化或義務化」之思維不僅存在於民法學中，「權利之社會化或義務化」也在憲法學中獲得承認，其乃由德國的威瑪憲法首開先例，威瑪憲法第 153 條明定：「土地所有人，任其土地荒置，是為違反社會性之行為，法律於必要時得加以干涉，強其行使權利」。❼

---

❻　王太平、盛勁松，〈權利與權利失效〉，頁 60，收錄於《南華大學學報》（社會科學版），2005 年。

❼　何培生，《民法總則詳論》，頁 452。

01

第二節　權利行使的意義、方式及其界限

　　權利的學說發展到今天，其主要爭議點已經不再是權利本質的問題；權利在司法實踐中的最大的爭議點，主要在權利之行使是否被濫用、違反公共利益與違反誠信原則。誠如孟德斯鳩在《論法的精神》中之名言「一切有權利的人都容易濫用權利，這是萬古不易的一條經驗」。❽ 所以，只要有人類的社會，權利行使的問題將永遠被談論著。

一、權利行使的意義

　　一般通說認為，權利之行使乃權利人實現權利內容之行為。然而李宜琛教授進一步將權利之行使更細緻的分成廣義的權利之行使及狹義的權利之行使兩種。廣義的權利之行使係指一切以權利之存在為前提之行為皆屬之。例如「權利之拋棄」以及「權利存在之主張」均包含在內。狹義的權利之行使係專指實現權利之內容之行為。故「權利之拋棄」以及「權利存在之主張」等，既非實現權利內容利益之行為，即不得謂為權利之行使。至於「權利之讓與」是否為權利之行使，雖然或有不同之意見，但從「權利之讓與」亦在實現權利內容之利益觀之，究與權利之拋棄不同，故應屬權利之行使。❾

二、權利行使與權利的主張、權利的實現

　　上述廣義的權利之行使與狹義的權利之行使最大之不同主要在於狹義的權利之行使並不包含權利的主張與權利的實現兩個觀念。按何培生先生的看法，權利行使與權利的主張、權利的實現這兩個觀念，應該嚴加區別。

---

❽　轉引自王太平、盛勁松，〈權利與權利失效〉，頁 60。

❾　李宜琛，《民法總則》，頁 395–396。

(一) 權利行使與權利的主張之區別

權利之主張係指主張權利存在之行為。例如債權人向債務人為催告或提起給付之訴屬權利之主張。權利之主張，既為主張權利存在之行為，故凡依權利之作用，所得為之一切行為，皆包括在內。而權利之行使，則為實現權利內容之行為，故僅指依權利內容所得為之行為而言。二者相較，權利之主張範圍廣，權利之行使範圍狹。又權利之行使，以有權利為前提，而權利之主張，則不必皆有權利之存在。

(二) 權利行使與權利的實現之區別

權利之實現係指已發生與權利內容相當狀態。例如債權因債務人之履行而實現，所有權因使用、收益或處分其所有物而實現屬權利之實現。權利之實現，乃權利之內容已經實現，而權利之行使，則僅為使權利賴以實現之行為，故前者為結果，後者為手段。權利之實現有由於權利之行使者，例如所有權因權利人之使用、收益、處分等行為而實現是。有非由於權利之行使者，例如債權因債務人之自動履行而實現是。更有於權利行使外，尚需其他事實者，例如婚姻之撤銷，除撤銷權之行使外，尚須有法院之裁判，其權利始得實現是。❿

三、權利行使的方式

權利之行使是否違反法律之規定，與其行使之方式有密切的關係。而權利之行使，因其內容之不同會有不同的行使方式。

---

❿ 何培生，《民法總則詳論》，頁 451–452。李模教授亦同此見解：「權利之行使者，積極的實現其權利內容之行為也。權利之行使與權利之主張有別，蓋行使乃以其權利之實現為目的；主張則以確認其權利之存在為中心。又權利之行使，亦不宜與權利之實現同視，蓋行使為實現之手段，各種權利中固不乏因行使而逕獲實現者（如形成權或若干支配權是），但亦有經行使後，更待其他條件始得實現者（例如請求權須賴債務人行為以實現是）。」（李模，《民法總則之理論與實用》，頁 355，自刊，1992 年 6 月修訂版）

(一) 支配權的行使

支配權係指對於特定之權利客體得以直接支配之權利。換言之，支配權之行使係於事實上直接就其客體為支配行為且排除他人之干涉。排除他人之干涉係指不許他人就同一權利客體，與權利人為同一內容之支配行為，此為支配權之特徵。❶**支配權之行使在大多數情形下，僅以事實行為為已足，很少經由意思表示之法律行為或準法律行為而行使。支配權之行使通常表現在物權、親權、智慧財產權與人格權上。**例如所有權人有直接支配物之權利，具體而言，如所有權人對於所有土地而為耕種收取孳息之行為，為所有權之行使（民法第 765 條）；父母對子女之保護教養權（民法第 1084 條）及懲戒權（民法第 1085 條）等為支配子女之權；智慧財產權人有直接支配精神上的創作之權利；人格權為權利人直接支配其自己之權利。

(二) 請求權的行使

請求權之行使係指主動的在裁判上及裁判外為履行之請求，並被動的為現實之履行的受領行為。與支配權不同者，請求權之實現須有他人積極行為的參與，並不得直接支配權利客體。**請求權之行使通常是以法律行為或準法律行為為之。**請求權之行使可表現在民法的各種權利，例如債權的請求權中有債權人基於債之關係，得向債務人請求給付，為債權之行使（民法第 199 條）；物權的請求權中有物之返還請求權（民法第 767 條）；親屬權的請求權中有夫妻同居請求權（民法第 1001 條）、親屬間之扶養請求權（民法第 1114 條）；以及繼承權的請求權等，但其中以債權最為重要。

(三) 形成權的行使

形成權係指以一方的行為（意思表示）使法律關係之發生、變動、或消滅之權利。形成權之行使法律上通常要求一定的方式，即由權利人向相對人以意思表示為之（民法第 116 條、第 258 條）。例如法律行為撤銷權

❶ 劉雪筠，《權利濫用之研究》，頁 93，臺灣大學碩士論文，1998 年。

（民法第 88 條、第 89 條、第 92 條）、契約解除權等均屬之（民法第 254 條至第 256 條）。形成權的特徵為無相對之義務，且不得單獨讓與。⑫形成權在未行使前，對原法律關係不產生任何影響，但一經行使，具體的法律關係即因而發生、變更或消滅。如無權代理行為，經本人行使承認權，則原則上溯及至代理行為時，對於本人發生效力。選擇之債，因選擇權人行使選擇權，而溯及債之發生時，變為特定之債；得撤銷之法律行為，因撤銷權人行使撤銷權，而歸於自始無效；二人互負債務，因行使抵銷權，而溯及最初得為抵銷時，按照抵銷數額而消滅。⑬

(四) 抗辯權的行使

抗辯權係指可拒絕請求權人行使其請求權之對抗權。例如因契約互負債務者，一方當事人未為給付前，另一方可以此為抗辯而拒絕給付（民法第 264 條）。抗辯權因其效用得分為滅卻的（永久的）抗辯權與延期的（一時的）抗辯權兩種。前者係能使他人請求權永久歸於消滅，如消滅時效完成之抗辯權（民法第 144 條）；後者係以他人請求權有效為前提，僅得一時的停止其權利之行使，如同時履行抗辯權（民法第 264 條）、買受人之價金支付拒絕權（民法第 368 條）及保證人之清償拒絕權（民法第 745 條）。⑭

(五) 委託他人行使權利

大部分的權利皆可以委由他人行使，或授權他人行使（例如：代理人、承租人、永佃權人、地上權人），或甚至授權他人處分或管理之（例如：信託讓與）。但也有一些權利非自己行使不可，例如：親屬法與繼承法上之權利，以及其他人身專屬或禁止讓與之權利（例如民法第 195 條第 2 項）。

除了上述依各種不同的權利分類，所形成權利行使的方式有所不同外，**權利之行使方式尚可分為依「事實行為」之權利行使、依「法律行為」之**

---

⑫　洪遜欣，《中國民法總則》，頁 57，自刊，三民書局總經銷，1964 年 10 月 3 版。

⑬　劉雪筠，《權利濫用之研究》，頁 94。

⑭　黃茂榮，《民法總則》，頁 1461，自刊，1982 年增訂 2 版。

權利行使及依「裁判行為」之權利行使。❶❺權利之行使既然為實現法律上之力的行為，故必須具有意思能力。至於是否必須具有行為能力，則須視其是否為法律行為或事實行為，如為法律行為則必須具有行為能力，如請求權及形成權之行使必須具有行為能力。權利之行使如為事實行為則不必具有行為能力，例如支配權之行使不必具有行為能力。

四、權利行使的自由

權利行使與否，屬於權利人之自由，故原則上，權利人不負行使權利之義務，縱使因其權利之不行使，而致他人受不利益，亦不得謂為消極之違法行為。不過此乃原則，基於公益之理由，尚有例外之情形，如前述之「權利之社會化或義務化」中，法律就同一事項規定權利中負有義務，在此種情形之下，不行使權利，即有可能成為消極的違法行為。例如民法第1084條規定，行使親權之父母，對於未成年子女，有保護及教養之權利，同時並負此項義務。此外，也可因契約之特別約定，而生行使權利之義務，則權利人因此負有行使權利之義務。❶❻由上述之例可知，權利人並非有完全的權利行使之自由。

五、權利的拋棄與權利的行使

所謂權利之拋棄，係指權利人不以其權利移轉於他人，而依法定之方式，宣告其不欲享有該權利之利益，使其權利絕對歸於消滅。根據上述對於權利之拋棄的定義可知，權利之拋棄，並非實現權利內容之行為，其與權利行使之性質不同，亦與權利之不行使有別，因權利之不行使，其權利並不因之消滅，仍得再行使。權利之拋棄，除為其權利性質上所不許，或法律有禁止規定外，權利人得自由為之。一般而言，關於人格上或身分上之權利，以不得拋棄為原則，得拋棄為例外；關於財產上權利，以得拋棄

---

❶❺ 黃棟培，《民法總則釋義》，頁 233，自刊，大同書局總經銷，1958 年 12 月再版。

❶❻ 諸葛魯，〈論民法上權利之行使〉，頁 831，收錄於《民法總則論文輯（下）》，1984 年 7 月初版。

為原則，不得拋棄為例外。❶ 不過，具特別意義者為繼承權之拋棄，因其同時具有身分與財產之性質，在特殊的情況之下，繼承權之拋棄，如有故意損及債權人利益者，有如上述權利行使之自由亦將受到限制之類似理由，不得隨意拋棄，否則有構成權利濫用之可能。

六、權利行使的基本原則與界限

權利之行使，從積極面來看，是為了實現權利人之利益；從消極面來看，則是為了防衛保護權利人的利益不受侵害。不過，各人行使其權利之際，不免會使他人之利益受到損害，此乃權利之本質使然而不可避免之事，義務人必須忍受這種不利益，權利的行使不應該受到非難。然而法律為維持共同生活起見，對於權利之行使，特設種種限制，藉杜流弊重公益。❶ 對於權利之行使到底於何種情況之下應予非難，不得不有一客觀標準，王伯琦教授謂：「吾民法於總則之末章，規定權利之行使，即所以定其分際者也」。❶ 說明權利之行使有一定之界限。此一界限指的就是有關權利行使之基本原則，即民法第 148 條所規定的三種情形：㈠權利之行使不得違反公共利益；㈡權利之行使不得以損害他人為主要目的；㈢權利之行使應依誠實及信用之方法。此三種情形中之前兩者（不得違反公共利益、不得以損害他人為主要目的）屬消極原則，為不得作為之「禁止規範」；而誠實信用原則屬積極原則，為應作為之「命令規範」。❷ 以上這些行使權利的基本原則，其作用就是對於權利行使之限制。民法總則中所以有必要規定行使權利的基本原則，主要是因成文法的侷限性，亦即有時候義務人或第三人對於權利人之權利之行使雖可加以非難，然而民法典並未作出明確的規定，於此種情形之下，法官又不能拒絕審判，因此民法總則有必要規定一些基本原則，以供法官判決之參考。❷ 其實，民法中對於權利行使之限制不僅

---

❶　諸葛魯，〈論民法上權利之行使〉，頁 823。

❶　梅仲協，《民法要義》，頁 161，中國政法大學出版社，2004 年版。

❶　王伯琦，《民法總則》，頁 238，國立編譯館，1987 年 10 月臺初版第 13 次印行。

❷　黃村力，《民法總則新論》，頁 595，三民書局，1994 年 3 月初版。

存在於上述之基本原則，**另外尚有如下之規定於民法總則中者，如：**

　　民法第 2 條之規定：「民事所適用之習慣，以不背於公共秩序或善良風俗者為限」。

　　民法第 17 條第 2 項之規定：「自由之限制，以不背於公共秩序或善良風俗者為限」。

　　民法第 71 條之規定：「法律行為，違反強制或禁止之規定者，無效」。

　　民法第 72 條之規定：「法律行為，有背於公共秩序或善良風俗者，無效」。

　　民法第 73 條之規定：「法律行為，不依法定之方式者，無效」。

　　此外，於民法其他各編中亦有種種對權利行使之限制，以物權編為例，有民法第 765 條、第 773 條之對所有權之限制；有民法第 774 條至第 797 條之相鄰關係之限制；有民法第 768 條至第 770 條之取得時效之規定。[22]

七、權利行使界限的理論

　　由上述之規定可知，權利之行使並非毫無界限，有疑問者是其界限到底何在？其立論基礎到底為何？按照德國之學說，行使權利之所以應受到限制，其主要學說有二，其一為「外部說」（有稱「外部理論」），另一為「內部說」（有稱「內部理論」）。

(一) 外部說

　　「外部說」認為，原則上，屬於權利內容之權利得以任意的行使，僅在例外的情形下始受到限制。之所以將其稱為「外部說」是因為此說對於權利行使的限制，認為並非依據權利之內容而決定，而是依據外部之規定而限制，這些外部規定主要是指「誠實信用原則」、「不得違反公共利益原則」、「不得違反善良風俗原則」等明文規定。

---

[21] 王忠誠、馬江領，〈成文法的局限性與法官的司法對策〉，頁 92，收錄於《中國地質大學學報》（社會科學版），2006 年 7 月。

[22] 武憶舟，《民法總則》，頁 515–516，自刊，三民書局總經銷，1985 年 10 月修訂版。

「外部說」主張權利之內容並不具有相對性，而是絕對確定的，不但權利之內容確定，且其界限也是確定的，其所以不能加以行使之原因，乃是因為牴觸了其他法律規範。此項理論之提倡者有德國學者費雪 (Fischer)、奧特曼 (Oertmann)。

(二) 內部說

「內部說」認為，權利具有其「倫理與社會功能」，從而每一權利之內容及行使之界限，皆應受其「倫理與社會功能」的限制。縱然法律未有明文具體限制之規定，任何與其功能相違背之權利行使行為，皆與該權利之內容不符。由於其對權利之限制是來自於權利本質所具有的功能，故稱為「內部說」。此項理論之提倡者有德國學者基爾克 (Gierke)、西伯特 (Siebert)。

經仔細比較，「內部說」所主張的倫理與社會功能實際上與「外部說」所主張之外部的明文規定並無極大的差異，因為法律的明文規定經常是根據倫理與社會功能而來。因此「外部說」與「內部說」何者為正確之爭論並無太大的意義，其真正重大的區別乃是在訴訟之際，就「外部說」而言，超越權利限制之權利行使，必須等到當事人加以主張而行使抗辯權後，法官始加以審查；相對的，就「內部說」而言，就權利內容的範圍加以認定是法官的職權，即使當事人並未主張權利濫用，法官亦應依職權審酌之，以作為裁判之依據，亦即不待當事人之主張，法官即應依職權調查是否有權利之訴訟上的抗辯存在。❷❸

第三節 權利的行使與法律行為之關係及民法一般條款（基本原則）的作用

權利之享有為靜的狀態，不過謂其享有法律上之力而已。反之，權利之行使則為實施其法律上之力之行為，係動的狀態。諸葛魯教授指出：「權利行使之行為及方法，有為事實行為者；有為法律行為者；有在訴訟上行

---

❷❸　劉雪筠，《權利濫用之研究》，頁 99。

使之者；有在訴訟外行使之者；有不問在訴訟上或訴訟外，均得行使之者；有必須在訴訟上，始得行使之者」。❷❹可見權利之行使，不一定要以法律行為為之，以事實行為行使權利反而更為常見。權利之行使，如依事實行為以行使者，因非法律行為，不必有行為能力，通常支配權之行使屬於事實行為。權利如於裁判上或裁判外以法律行為行使之者，則必須有行為能力，例如請求權或形成權之行使屬法律行為，權利主體必須有行為能力。法律行為在民法中有許多具體規定，這些具體規定既然是針對以法律行為行使權利之規定或限制，則這些規定亦可作為以準法律行為或事實行為行使權利之重要參考，故認清「權利之行使與法律行為之關係」就顯得格外重要。

一、權利行使與法律行為、私法自治

人與人之所以有權利義務的產生，是因為存在著法律關係，這種法律關係係以一定的權利義務為其內容。❷❺如前述，權利之行使，不一定要以法律行為為之。不過，權利之行使卻與法律行為有極為密切的關係。依民法通說，所謂法律行為是指以意思表示為要素，因意思表示而發生一定私法效果的法律事實。而所謂私法上的效果是指產生私法上權利的變動。❷❻從這個角度看，權利的得、喪及變更可藉由法律行為而達成。由於法律行為可以創設權利，所以有稱法律行為為「設權行為者」，它統合著債權法、物權法、親屬法與繼承法等具體的設權行為規則。❷❼

通常經由法律行為取得權利以後就能主張該權利；相對的，喪失權利以後就不能主張該權利。問題是，權利在考量他人利益與公共利益後，有時就不是絕對的權利，而必須做出某種程度的讓步，一般以較寬廣的概念稱之為「權利之限制」。有關權利之限制在憲法層次上，德國的威瑪憲法中早已有了規定；而在民法上，經由「法律行為」所取得之權利是否會受到

---

❷❹　諸葛魯，〈論民法上權利之行使〉，頁 832。

❷❺　王澤鑑，《民法總則》，頁 87–88，三民書局總經銷，2003 年版。

❷❻　王澤鑑，《民法總則》，頁 270–271。

❷❼　覃興盛，《論法律行為制度的價值取向》，頁 2，廣西大學碩士論文，2000 年。

限制，主要取決於私法自治原則，因為民法的法律行為制度是建立在私法自治這一大原則之上。私法自治是指在進行法律行為時，當事人有極大的意思自由來決定彼此之間的法律關係（即權利與義務）。此一原則為法國大革命後，在《法國民法典》（即《拿破崙法典》）❷❽所確立的基本原則。不過，在《法國民法典》之下，該原則主要是限定在債法之中。到了《德國民法典》❷❾，法律行為不僅可產生債法上的效果，而且可以產生物權法、親屬法及繼承法上的效果。

有鑑於私法自治在法國民法中的過度膨脹，造成所謂的過分的自由，就意味著沒有自由，公平正義無法得到充分的發揮，所以德國學界和實務界在將法律行為擴展到民法各編時，即注意到著手劃分私法自治的適用範圍，亦即對於私法自治必須給予一定的限制。從以上說明可看到從法國民法到德國民法的進程中，作為指導法律行為的私法自治原則已經有了極大的修正，而這種修正主要是依賴諸如公序良俗、禁止權利濫用與誠實信用原則等所謂的一般條款。

二、私法自治的修正與民法一般條款

法律行為是行使權利的方式之一種，《法國民法典》及《德國民法典》頒布以後，在各國民法立法例中，一方面強調私法自治，另一方面又強調法律行為必須受到一定程度的制約。在權利不是絕對的前提之下，對於權利行使的分界，應依據民法中的誠信原則、禁止權利濫用原則等一般條款作為確定標準。各國民法之所以用上述民法一般條款來限制私法自治原則，主要因為這些一般條款在資本主義自由經濟向有秩序的壟斷經濟過渡中，可發揮重要的調整作用。尤其是誠信原則，它代表了對社會和群體利益的尊重，力求使國家、社會、個人三者的利益達到平衡。有的學者甚至認為，在這個時期，誠實信用原則在民法中已經取代了私法自治原則，占有「帝王」的地位。但是將誠信原則作為帝王條款也曾引起質疑，因為誠實信用

---

❷❽　1804 年生效。

❷❾　1900 年生效。

原則頂多僅是私法自治原則的修正，絕不可喧賓奪主。雖然誠實信用原則等一般條款並不能動搖私法自治原則在民法中的地位，但其調整私法自治的頻率一再增加，可見其重要性。而禁止權利濫用原則可說是誠實信用原則的反面規定，所以禁止權利濫用原則也可以調整私法自治下所形成的權利過度膨脹。

三、民法一般條款與誠實信用原則、禁止權利濫用原則

《法國民法典》確立了契約自由原則 (Prinzip der Vertragfreiheit)、所有權絕對原則 (Unantastbarkeit des Eigentums) 與過失責任原則 (Prinzip der Kulpahaftung)，此三原則被稱為民法三原則。❸但許多國家之民法對於權利之行使又規定了誠實信用原則、禁止權利濫用原則，這兩項新的民法原則之引進，其主要原因如下：

(一) 法律明確性的奢望

民法是民事活動當事人的行為規則，也是法院裁判案件應遵循的裁判規則，民法兼有行為規則和裁判規則的雙重屬性。民法作為民事活動的規範準則，確定人民應有的權利和義務，使人民在考慮法律後果的前提下去規劃他們的行為。民法作為法院裁判案件的裁判規則，就是於從事民事活動時，任何人如果不遵守民事活動的行為規則，發生民事糾紛，訴請法院裁判時，法院應以民法典之規定作為裁判的準則。民法作為行為規則和裁判規則，要求民法規範具有明確性。追求民法規範的明確性，根本目的在於實現民法的安定性價值。法的安定性，是各種法律所追求的目標，民法亦不例外。所謂法的安定性，就是要求對於同一法律事實類型適用同一法律規則，得出同樣的判決結果。亦即不同時間、不同地區、不同法院裁判

❸ 鄭玉波，〈論所有權社會化〉，頁 101，收錄於《民商法問題研究㈡》，1984 年 7 月初版。

同一類型的案件，應適用同一法律規則，得出同樣的判決結果。但是，民法規範的明確性僅是一種理想狀態，現實中是無法完全實現的。《法國民法典》制定（西元 1804 年）前後，歐洲大陸「概念法學」盛行，此派學者以為，必定能夠通過制定精確性的規範達到絕對的法律清晰性和法律明確性，特別是保證所有法官決定和行為明確性。在「概念法學」派的眼光裡，法官只不過是適用法律的機器。但是歷史證明，「概念法學」無法成功的解決此一問題，因為「概念法學」強調邏輯自足、邏輯至上，無視現實生活的複雜性，無視法的實踐特性，因而遭到了「自由法學派」和「利益法學派」學者的批評。「自由法學派」學者埃利希 (Ehrlich) 主張法官可根據正義原則創造法律，在司法的過程中可以不受立法的約束，而是由法官自由的做出判決。「利益法學派」學者赫克 (Philip Heck) 則認為，法有兩個理想，一是法的安定性，二是法的妥當性。立法者不可能完全滿足此兩個理想。理由是：其一，立法者的觀察能力有限，不可能預見將來的一切問題；其二，立法者的表現手段有限，即使預見到將來的一切問題，也不可能在立法上完全表現。因此，法官必須像立法者的助手，在適用法律的過程中，法官須要明白立法者的意圖，並在審判中將立法者的意圖貫徹下去。在這一過程中，法官應將立法者沒能清晰表達出來的，利用利益衡量的原則去調整當事人的利益。因此，創造法律是法官的功能之一。❸¹

(二) 法律漏洞與民法一般條款

從「概念法學」到「利益法學」的歷史發展過程中，我們可以得出以下的結論：即使最好的法律，也存在漏洞。法律具有不圓滿性，必然存在漏洞。面對法律漏洞，即使為適應法律的相對穩定性，頻繁地修改法律也無法解決層出不窮的新型案件。在立法技術上，比較可取的辦法是在法典中設立一般條款，讓法官根據一般條款判決。雖然《法國民法典》確立了「所有權絕對」、「契約自由」與「過失責任」三大原則，但因《法國民法典》並無總則編，以上三大原則是民法學者從各編中概括出來的。德國於

---

❸¹　孫文愷，《社會學法學》，頁 41–45，法律出版社，2005 年 10 月第 1 版。

西元 1900 年所頒布的民法典就將一般條款納入了總則篇中，例如其民法第 226 條規定：「權利之行使，不得專以損害他人為目的」。此一條文被稱為「禁止權利濫用原則」，屬民法的基本原則。此外，「誠實信用原則」（德國民法第 242 條）與「善良風俗原則」（德國民法第 138 條）也能作為管制權利濫用的一般條款。 ❸

(三) 藉由一般條款彌補法律漏洞

法律明確性無法達成的必然結果是法律漏洞的形成，其彌補的方法可藉由前述的民法基本原則，這些解釋性的基本原則又稱為一般條款。所謂一般條款，又稱概括條款、彈性條款，民法上的一般條款，僅就原則概括的規定，賦予法官就具體案件公平裁量，妥善運用者，如誠實信用原則、權利不得濫用原則等屬之，根據我國學者楊仁壽大法官之見解，誠信原則為實務上最重要的概括條款，而權利濫用禁止的原則亦是源自誠信原則。❸ 此種概括條款，本身極為抽象，須於具體的個案中予以價值判斷，使之具體化，而後其法律功能始能充分發揮。具體而言，一般條款具有可以適應時代的變化或思考方法的變化之特性，以對各種新型案件作出彈性的適當處理。

(四) 一般條款乃授予法官自由裁量權

由於立法者不是萬能的，法律不是完美無缺的，因而必須承認法官一定範圍的補充立法權，使司法活動具有相當的靈活性，能夠針對不圓滿的法律進行補充和發展。一般條款的存在就是給予法官的空白委任狀，授予法官很大的自由裁量權。一般條款只是為法官指示一個方向，要求法官朝著這個方向進行裁判，至於在這個方向法官到底可以走多遠，則讓法官自己去判斷。❸ 一般條款的存在同時也意味著立法者給司法者留下造法空間，

---

❸ Ruethers/Stadler, Allgemeiner Teil des BGB, S. 51, 13. Auflage, Verlag C. H. Beck Muenchen 2003.

❸ 楊仁壽，《法學方法論》，頁 170，三民書局總經銷，1994 年 1 月版。

此乃因一般條款的内涵與外延均極不確定,不具備特定的要件和效果規定,法官可彈性採用的空間較大。不過,**因一般條款過於抽象,在未經足夠的具體化之前法官能否直接適用向來引起極大的爭論,各國的學說大體上要求一般條款必須經過具體化才能直接涵攝案件事實。**然而,一般條款的具體化是由法官完成的,法官在一般條款的具體化過程中擁有很大的自由裁量權。有學者認為,並非所有的一般條款都能作為判決依據,如平等原則像磁場一樣,民法所有的法條都處在它的場域之内,它過於抽象且不是授權條款,不具有平衡性,因此不能作為直接判決的依據。**㉟**

(五) 禁止權利濫用原則與誠實信用原則是應用最為頻繁的一般條款

民法第 148 條所規定的誠實信用原則和禁止權利濫用原則就是所謂的一般條款,在許多國家的法律上都有類似的規定。誠實信用原則和禁止權利濫用原則内容極為概括抽象,屬於一白紙規定,必須經由法官結合個案將其具體化。法官可根據法律關於誠實信用原則和禁止權利濫用原則的規定,依據存在於社會上可以認識的倫理、價值、規範以及公平正義的觀念,結合待決案件具體情況,將誠實信用原則和禁止權利濫用原則具體化,進行公平裁決。誠實信用原則和禁止權利濫用原則還可使法院能夠適應社會經濟發展及倫理道德價值觀念的變遷而適用法律,以使法律能夠與時俱進,實踐其規範功能。因具備上述功能,所以禁止權利濫用原則與誠實信用原則成為應用最為頻繁的一般條款。德國著名法學家拉德布魯赫 (Radbruch) 曾讚賞《德國民法典》中的不確定法律概念和一般條款所說的,憑著明智的自謙,民法典的立法者事先並沒有想到以僵硬的模式去把握不可預見的發展。這些規定作為一種法律的安全閥,防止了法典因經濟關係的根本性

㉞　梁慧星,《民法解釋學》,頁 292,中國政法大學出版社,2003 年 11 月第 4 次印刷。

㉟　王忠誠、馬江領,〈成文法的局限性與法官的司法對策〉,頁 95。

轉變而被脹裂。民法典尤其要感謝那些或此或彼的伸縮性概念，它使得民法典在一個通常僵硬的概念體系中，終究能夠證明自己相對地反映了時代的無止境要求。㊱

㊱ 拉德布魯赫，《法學導論》，米健、朱林譯，頁 71，中國大百科全書出版社，1997 年版。

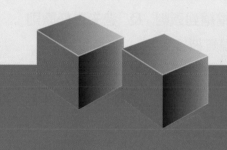

02

第二章

禁止權利濫用原則

第一節　禁止權利濫用概說

一、否定理論到肯定理論

　　行使權利致他人遭受損害，不為不法，是羅馬法上之法諺。此一思維長期存在於人們的思維當中，歷經十七、十八世紀個人主義及自由主義，而達到高峰。西元 1789 年法國之人權宣言稱個人的權利為「天賦的不可移讓之神聖權利」、「天賦的不可剝奪之權利」，在這種思維之下，於私法中建立三大原則，即「私法自治原則」、「所有權絕對原則」及「過失責任原則」，因此在行使權利時，權利被濫用的理論很難被接受。

　　此後，由於強調權利絕對性的弊端逐漸顯現，法社會學家對權利之絕對性時有批判，以致到了十九世紀末葉，法律所保護之權利乃有相對化之趨勢，即法律之終極目的，不全在於保護個人之自由及權利，整個社會之發展及整個人群之生存，亦應同時顧及，故西元 1900 年生效之德國民法於第 226 條規定：「權利之行使，不得專以損害他人為目的」，至此，權利可能被濫用已從否定理論進到肯定理論。❶

二、權利濫用的意義

　　有關於權利濫用之意義，學者們各有其論述。有學者認為，**權利濫用係指外觀上為權利之行使，實質上卻違反權利的社會性，因而不能認為正當行使權利行為。**❷亦有學者認為，行使權利因逾越權利的本質及經濟目的，或逾越社會觀念所允許的界限，而成為權利濫用。❸另有學者認為，權利不獨為保護個人之利益，同時亦為社會全體之向上發展而設，權利具

---

❶　王伯琦，《民法總則》，頁 239。

❷　洪遜欣，《中國民法總則》，頁 646。

❸　劉雪筠，《權利濫用之研究》，頁 99。

有社會性及公共性。權利之行使，應於權利者個人之利益與社會全體之利益調和之狀態為之，從而權利之行使，以加害於第三人之意思或目的為之者，稱為惡意的權利濫用 (Schikane)。違反公序良俗或權利人方面無正當的利益，或權利人因權利之行使所得利益極小，而於他人損害莫大，不成比例者，皆為權利濫用。❹

三、權利濫用學說

雖然權利濫用應該受到非難是一種共識，但其根據到底為何？在何種情況之下才算是「權利濫用」？此一問題是長久以來一直被不斷探討的問題。為了進一步探討此一問題，就必須對權利濫用學說有初步的瞭解。

(一) 道德觀念說

認為權利濫用之禁止，係道德及於法律之影響，亦即法律之道德化。

(二) 社會機能說

認為權利應以大多數人之相互利益為前提，與此原則合者，法律應加以保護；與之違者，應加以禁止。行使權利如果只顧一己利益而忽略社會利益，或自己所得利益小，而於他人之損害大，甚或於自己無益，而專為損害他人，此種行為，自是違反此原則，故應禁止。❺

(三) 惡意行使說

認為權利乃法律分配一部分社會利益於權利人，行使權利的結果，難免使他人發生損害，然而，如果專以損害他人為目的，則屬權利濫用。如《德國民法典》第 226 條規定：「權利之行使，不得專以損害他人為目的」。

---

❹ 史尚寬，《民法總論》，頁 644，自刊，1970 年 11 月臺初版。

❺ 何培生，《民法總則詳論》，頁 454。

(四) 超越界限說

認為權利的行使必須在一定界限之內，超過這一正當界限而行使權利，即為權利濫用，為法所不許。**❻**

(五) 利益損害說

認為權利的行使，如果損害了他人或社會公共利益，則為權利的濫用。禁止權利濫用是指民事主體在從事民事活動時必須正確行使民事權利，不能損害國家利益和第三人利益的原則。

(六) 違反權利本旨說

認為權利人行使權利，如果違反權利的本旨，即權利的社會性，即為權利濫用。權利人行使權利違反權利之本旨，法律乃加以禁止之謂。此一學說與前述之社會機能說類似。

(七) 違反目的說

認為權利人行使權利，如果違反權利的目的，即違反社會經濟目的，係為權利濫用。史尚寬教授因此認為，權利濫用，謂溢出權利的、社會的、經濟的目的或社會所不容許的界限之權利行使。**❼**

以上學說各從不同角度對權利濫用進行闡釋，均有其一定的合理性。這些不同的學說後來也演變成為權利濫用的各種類型。**基本上這些學說都是從權利限制的角度揭示權利濫用的涵義。**權利行使的限制可以來自於權利自身的義務，也可以來自於獨立於權利之外的源泉。權利行使的限制來自外在的規定係指根據實體法規定來限制，實體法往往設置一些權利行使的基本原則，譬如誠實信用原則、公序良俗原則、禁止權利濫用原則等，指導權利的行使，劃定權利行使的界限。任何權利的實現，不僅牽涉到權

---

❻ 李宜琛，《民法總則》，頁 399。

❼ 史尚寬，《民法總論》，頁 644。

利人的利益，而且牽涉到義務人的利益及國家和社會的利益。權利絕對自由行使，往往會造成權利人的個體利益和社會公共利益之間的衝突。法律不能僅考慮權利人一方利益而捨棄社會公共利益，相反的，法律應力求平衡兩者的利益。因此出於對權利自由行使致損害社會公共利益的擔憂，現代各國立法都已注意保護社會公共利益的傾向。

總體而言，民法中禁止權利濫用，實質上是對私權行使的一種限制，要求權利人行使權利的目的與方式要正當，在實現自己利益的同時要尊重他人和社會利益，即從法律上賦予權利人一種社會義務。這種義務從表面上看，是對權利進行限制，但其深層的目標，是為了保護和實現權利。有學者認為，禁止權利濫用是一種積極捍衛權利的手段，它是為權利而限制權利，與法律保護權利的最終目的是一致的。 ❽

四、禁止權利濫用原則的立法

一切有權力的人都容易濫用權力，這是萬古不變的經驗；同樣的，有權利的人，也極可能濫用其權利。因此，只要有權利的存在，該權利就有被濫用的可能。基於此一認識，各國憲法對於權利的行使，都規定在一定條件之下必須受到限制。歷史上首先用憲法對權利加以限制的是西元 1919 年的德國威瑪憲法。我國憲法於第 22 條與第 23 條也作出了對權利限制的規定。民法是根據憲法所制定的法律，在我國民法總則編的第七章（章名：權利之行使）之第 148 條第 1 項也對權利的行使做出了「消極的限制」，其限制的條件有二：一為不得違反「公共利益」；另一為不得以「損害他人為主要目的」。除此之外，民法第 148 條第 2 項則對於權利的行使作出了「積極的限制」，即行使權利必須符合「誠實信用原則」。

我國憲法、民法如上規定說明一個人擁有權利時，一方面必須認清權利是有一定範圍的；另一方面必須認清行使權利的方式也會受到一定程度的限制。例如，一個人可以在其土地上建造房屋，即便妨害了鄰地的通行、

---

❽　王豔玲，〈關於民法中確立禁止權利濫用原則的思考〉，頁 53-54，收錄於《河北法學》，2006 年 7 月。

通風、採光或造成生活上其他不方便，如果基於正當理由，法律自應予以准許。但是如果並無建造房屋的必要，而意在迫使相鄰人出高價購買其土地，此時其權利的行使就不應准許。

其實，我國民法對於權利之限制乃仿自外國立法例。西元 1900 年所制定的《德國民法典》於第 226 條規定：「權利之行使，不得專以損害他人為目的」。但因德民法典並未直接提到「權利濫用」的文字，故其實際意義雖為權利濫用，但還稱不上是禁止權利濫用原則之明文立法。**立法上最早明確提出禁止權利濫用的，是西元 1907 年的《瑞士民法典》，該法第 2 條規定：「權利顯然濫用者，不受法律之保護」**。我國於民國 18 年制定民法時，有關權利濫用之規定顯然是仿自德國民法之立法例而非仿自瑞士之立法例。值得重視的是，日本亦於第二次世界大戰後，明文規定禁止權利濫用。

五、權利濫用的特徵

有學者根據上述權利濫用之論述，認為權利濫用有以下特徵：

(一) 外觀上權利人必須出於行使權利之行為

即權利人依其權利之內容而以一定之行為將其權利加以具體化之過程，且不以積極的「作為」為限，消極的「不作為」亦屬之，例如父母無正當理由，對於子女之婚姻拒絕同意；礦業權、專利權於一定期間之不行使，皆可構成權利之濫用。

(二) 該行為須違反權利之本質或權利之社會的、經濟的目的而為不正當行使

權利本係法律所加以保護之利益，通常權利人行使權利時，不免對義務人或他人造成不利益之結果，此乃不可避免之正常現象，不能稱為權利之濫用。然而如前所述，權利同時亦為社會全體之向上發展而認許，具有社會性及公共性，故當權利之行使違反了權利之本質或其社會的、經濟的

目的，甚而對他人加以相當之損害，則成為不被容許之行為，而構成權利之濫用。

上述之權利的本質與社會的、經濟的目的到底所指為何？則必須進一步的論述。一般認為，民法上的一般條款或基本原則大致能反映出權利的本質與社會的、經濟的目的，故民法中之「誠信原則」、「禁止惡意的權利濫用原則」、「善良風俗原則」就成了是否為權利濫用之指標。雖然上述原則不能清楚的被定義出來，但它們卻可能通過個案逐漸的澄清，而產生具體化、構成要件化的下位原則。❾

各國法律除對權利予以限制之外，對權利之行使，亦加以適當之限制。有學者將我國民法中對權利之行使加以限制可分為以下三類：❿ 第一類為直接限制權利之行使者，例如民法第 765 條、第 773 條、第 777 條、第 854 條之規定。第二類為間接限制權利之行使者，例如關於消滅時效及除斥期間之規定。第三類為行使權利時必須負擔義務，例如民法第 1084 條關於親權之規定。本書認為除以上三類外，民法第 148 條之規定亦另成一類，此類可稱之為「一般條款類」或「權利濫用之禁止原則」，根據民法第 148 條之內容，凡是違反「公共利益」、「誠實信用」或「以損害他人為目的」的權利行使都在被禁止之列，可見其所涵蓋的範圍比前三類更廣，「權利濫用之禁止原則」特別可針對民法中雖無明文規定，但依民法之精神對於權利之行使必須加以限制的情形。

六、禁止權利濫用原則為民法的基本原則與一般條款

「禁止權利濫用原則」的本質是從道德的觀點而形成法律，以法律對私權行使的一種限制，體現法律對「公平正義」追求的目標。⓫ 既然被稱

❾ 劉雪筠，《權利濫用之研究》，頁 102。

❿ 黃棟培，《民法總則釋義》，頁 234。

⓫ 錢玉林，〈禁止權利濫用的法理分析〉，頁 55，收錄於《現代法學》，2002 年 2 月。

為「禁止權利濫用原則」，可見「禁止權利濫用」具有「基本原則」的本質，其與「誠信原則」、「公序良俗原則」都稱得上是民法的基本原則。大陸法系設立基本原則的主要目的在於補充法律的漏洞，其所發揮的作用與英美法的「衡平法」相當，所以，「禁止權利濫用原則」也可稱為握在法官手中的「衡平法」。除了具有「基本原則」的本質之外，「禁止權利濫用原則」在本質上也是民法的「一般條款」，其所以能成為「一般條款」是因其概念不十分明確又具有極大的外延，可以盡量的擴大法律的涵蓋面，以補充法律的漏洞。

基本原則與一般條款的特性都註定其將會成為「雙刃劍」，因為利用它可以彌補法律的漏洞，利用它也可以置具體的法律規定於一旁，而向「一般條款逃避」。為避免「禁止權利濫用原則」這把「雙刃劍」的不當使用，以危害法的「安定性」，學說與判例乃發展出各種具體的類型，縮小其模糊性。一般條款之所以需要具體類型化是因為其極為抽象，以「禁止權利濫用原則」為例，其基本涵義為，權利之行使違反權利之社會的、經濟的目的。至於其是否真的違反權利之社會的、經濟的目的，在其適用時必須對個案做出評價的判斷，這些判斷的標準自然牽涉到互相衝突之利益間的衡量問題，通過個案慢慢的澄清，逐漸形成下位原則，就產生具有構成要件的權利濫用之具體類型。❷

02

第二節　禁止權利濫用原則的歷史發展

自從權利可能被濫用的理論受到肯定以後，權利可能被濫用的思維現今已普遍存在於一般人的理念之中，但是從歷史發展的角度來觀察，它是逐步完成的，而非一蹴即成。

---

❷　劉雪筠，《權利濫用之研究》，頁101。

一、羅馬法

羅馬法有一法諺「行使自己的權利，無論對於任何人，皆非不法」(Qui iure suo utitur, nemini facit iniuriam)，❸根據此一思維，權利人行使權利本應受到法律保護，權利之行使不可能有濫用的情形。但在另一面，羅馬法亦有不少不許以損害他人為目的而為權利行使之規定，例如，《尤士丁尼法典》規定「不得在距離先前已有的建築物一百尺以內的地方進行建築，如果這樣做會妨礙到人們從那裡對海的觀賞」。儘管如此，羅馬法對該原則並沒有系統的規定，只是零散的存在一些限制性規定。❹由上述可知，羅馬法上早就有行使權利不應過分或惡意的告誡。

二、法國法

西元 1789 年法國大革命之後，因為強調「權利的絕對性」，且將「土地所有權及於土地之上下」解釋為「上達九天，下達地心」，❺可見當時權利濫用的觀念不易形成。西元 1804 年的法國民法並沒有對權利濫用加以規定，因此，法國法上之權利濫用理論之起源並非來自於學說或立法之規定，而是來自於法院之判決。法國法院於十九世紀中葉之兩則判決，影響十九世紀末期及二十世紀各國對於禁止權利濫用之立法。之後，同類判例學說相繼出現，形成法國判例法上的禁止權利濫用原則。在法權觀念的變遷中，不僅產生了禁止權利濫用的觀念，最終成為了成文法上的一項重要原則。❻

以下為上述兩則判決之主要內容：

---

❸ 鄭玉波，〈權利濫用之研究〉，頁 50，收錄於《民商法問題研究㈠》，1984 年 7 月初版。

❹ 轉引自房宇，〈論禁止權利濫用原則〉，頁 40，收錄於《遼寧行政學院學報》第 5 期，2006 年。

❺ 鄭玉波，〈權利濫用之研究〉，頁 50。

❻ 房宇，〈論禁止權利濫用原則〉，頁 40。

(一)「妒忌建築」案

西元 1855 年法國科爾馬 (Calmar) 法院曾為「專為遮蔽鄰舍陽光而修築之煙囱」一案作出如下判決：「所有權⋯⋯與其他權利相同，其行使應以滿足適用之利益為範圍，如以惡意或敵意所為之行為，對權利人無利益而言，而圖加害於他人時，因有違道德與衡平原則，實不能為法院裁判所允許」。此一判決揭開禁止權利濫用之序幕。❶

(二)「枯竭鄰地」案

繼「妒忌建築」一案，西元 1856 年里昂 (Lyons) 法院又以枯竭鄰地的礦泉水為目的，而挖掘自己土地的案件，作出如下判決：「所有人對於所有物固得自由利用，但須以不妨礙鄰人之所有權之享受，為其限界」。❶

基於上述兩個判例，學說對《法國民法典》施行半個世紀以來有關權利濫用禁止的情形加以類型化，進而使其成為權利行使的一般指導原則。由此可以推論，法國法是根據判例對於權利濫用之理論加以發展，而學說上則繼續依判例對於權利濫用理論加以擴大並確認。不過就權利濫用之立法而言，法國法反而成為最為落後的狀態，因為其民法典中有關權利濫用之規定，至今仍付諸闕如。❶

三、德國法

雖法國已有禁止權利濫用之判決出現，但十九世紀末德國在起草《德國民法典》時，其第一草案中對於禁止權利濫用問題還未作出規定，因而遭到基爾克 (Gierke) 等學者的批評。到了第三次草案終於出現了對所有權濫用的禁止性規定，國會於審議時，並將權利濫用的可能性擴及到一切權利，而規定在民法總則中，此即為著名的《德國民法典》第 226 條規定：

---

❶　鄭玉波，〈權利濫用之研究〉，頁 51。

❶　鄭玉波，〈權利濫用之研究〉，頁 51。

❶　劉雪筠，《權利濫用之研究》，頁 20。

「權利之行使，不得專以損害他人為目的」。此條文首先明文揭示了禁止權利濫用之原則。在德國之文獻中，學者們將第 226 條稱之為「希卡內」(Schikane; Chicane) 之禁止，「希卡內」一語本有刁難或故意損害他人之意。**❷⓪**

　　從前述兩則法國的判例可知，禁止權利濫用原則最初產生於物權法領域，**❷①**因此有些學者認為該項原則僅適於物權法。實際上，禁止權利濫用原則隨著學說理論與司法實踐，其適用範圍已超越了物權法領域，並且已經擴展到債權法乃至親屬法與繼承法。因此，德國立法將禁止權利濫用原則置於總則編之目的，就是要將其適用範圍擴及於民法中的一切權利。德國民法制定後，帝國法院曾做出幾則有關權利濫用之著名判決：

(一) 禁止進入墓園案

　　該判決之事實為，父親是一座城堡的所有人，他與他的兒子不和。父親聲稱，他見到兒子時就會生氣，由於自己患有心臟病，因此他必須避免與兒子見面。為此，父親禁止兒子來到城堡中的公園為母親掃墓、祭拜。在本案中，**帝國法院把禁止兒子在公園裡祭拜母親認定為是一種惡意行使權利，所有權人這樣行使自己的所有權是不被允許的。**因為父親禁止兒子進入墓園沒有其他的目的，唯一的目的只是為了傷害他的兒子。不過，帝國法院為了適用民法第 226 條，不得不採用一個合情理的處理：法院判決兒子有權在一年中的四個特定日期去為母親掃墓，時間只能在上午十一時和十二時之間。德國著名法學者梅迪庫斯教授評論此一案件認為，如果父親恰好在這個時候要在其城堡公園四處散步，則這種行為倒更像是一種惡意刁難。**❷②**德國著名法學家拉倫茲 (Larenz) 教授評論此一案件認為，帝國法院不應對這個案件適用民法第 226 條，而應適用民法第 138 條違反善良風俗的行使權利，因為完全不許兒子到墳墓前祭拜母親的作法，毫無疑問

❷⓪　鄭玉波，〈權利濫用之研究〉，頁 50–51。

❷①　王伯琦教授謂「其他具體權利之濫用，應適用第 148 條之規定，尤以所有權為最」。王伯琦，《民法總則》，頁 240。

❷②　梅迪庫斯，《德國民法總論》，邵建東譯，頁 110。

地屬於一種違反善良風俗的行為。❷❸

　　第二次世界大戰之後，德國聯邦最高法院也有過如下之權利濫用判決：

(二) 旅館租賃案

　　該案之事實為，一家旅館以二十年期間被租出去，租金是根據旅館的營業額計算的，但每個月不能少於二千五百馬克。承租人許多年來一直按旅館的營業額支付租金，但租金一直低於二千五百馬克。出租人對此也一直沒有提出異議。後來旅館的出租人要求承租人補交過去租金的差額。根據德國民法第 197 條的規定，對拖欠租金的請求權時效期限是四年。因而對最後四年的租金請求時效沒有過期。聯邦最高法院認為，對當事人已經結算過的那些年的租金，出租人的請求權已經失效，出租人對這些年的租金不能再提出請求。拉倫茲教授評論此一判決認為，這是「權利失效」(Verwirkung) 理論的應用，權利失效的後果不僅僅是某個特定的權利行使不被允許，因為它被濫用了，而是原則上從這時起，這個權利的任何行使都是不被允許的。這也就是說，權利失效，權利也就不存在了。因為如果一個權利的行使在任何方面和任何時間都不被允許，則等於它只不過是一個廢物。權利失效不僅僅是對權利行使的限制，而且是權利結束的原因。❷❹

四、瑞士法

　　西元 1907 年的《瑞士民法典》，在汲取法國判例學說與德國立法和學說的基礎上，首次將權利濫用之禁止，直接規定於民法中。瑞士民法第 2 條第 2 項規定：「行使權利，履行義務，應依誠實及信用而為之。權利顯然濫用者，不受法律之保護」。《瑞士民法典》雖然正式使用了「權利濫用的概念」，但是對於何謂「權利濫用」並沒有做出任何界定，留給學說與判例極大的解釋空間。鑑於禁止權利濫用理論的重要性，近代各國民法典大多

❷❸　拉倫茲，《德國民法通論》，王曉曄等譯，頁 307，法律出版社，2005 年 5 月第 3 次印刷。

❷❹　拉倫茲，《德國民法通論》，王曉曄等譯，頁 311–312。

以德國與《瑞士民法典》為範例，作出類似的規定，我國民國 18 年所制定的民法，於第 148 條的規定就是仿效德國與《瑞士民法典》。

五、日本法

西元 1898 年的《日本民法典》是依照《德國民法典》第一次草案的規範而制定的，因《德國民法典》第一次草案尚無權利濫用之規定，因此日本法亦無關於禁止權利濫用的規定，直到二次大戰結束以後，《日本民法典》才根據《瑞士民法典》有關權利濫用之規定而明文規定禁止權利濫用。第二次世界大戰後，日本修訂其民法第 1 條，設置「私權遵依公共福祉」、「權利之行使及義務之履行，應依信義及誠實為之」、「權利之濫用不許之」等三項規定。不過在此之前，日本司法實踐中已產生大量有關權利濫用的判決。以下為其較著名者：

(一)「宇奈月溫泉事件」案

該案是因鐵路公司為經營溫泉，設引水管道通過他人的土地約二坪面積，土地所有人要求鐵路公司撤除引水管道，否則必須以高價購買全部土地約三千坪。對此大審院認為，這種要求已經超越了所有權行使的範圍，而構成權利之濫用。㉕

(二)「房屋轉租」案

依據日本民法第 612 條，承租人未經出租人同意，而使第三人進行租賃物的使用或收益時，出租人可以解除契約。但是日本有一則關於承租人擅自轉租而出租人請求解除契約的判決，被法院認為是權利濫用。在該案中，承租人擅自轉租，依據法律規定，出租人因此享有解除契約請求權，但法院考慮到二次世界大戰之後日本房屋極度欠缺，承租人轉租實係為解決無家可歸的家庭之困難，此外，承租人自身的窮困也迫使他不得不轉租部分房屋的空間，判決此種情況下出租人堅持依法請求解除租賃契約，就

㉕　山本敬三，《民法講義 I——總則》，解互譯，頁 403，北京大學出版社，2004 年。

構成權利濫用。法院認為，日本民法第 612 條存在著一個隱含的法律漏洞，即依規範意旨，本應就某類型設立限制而未設立限制，致法律條文的可能文義涵蓋過寬，將本不應包括的該類型包括在內。法院於是對該條文作目的性限縮，將本案類型排除在該條法律條文的適用範圍之外。法院援引禁止權利濫用原則，將出租人的解除權縮小化，解決了因時代變遷造成的法律與社會需要的緊張關係，保護了社會弱者，實現了法律的社會正義價值。[26]

02
第三節　權利濫用的類型

權利濫用一詞極為抽象，因此，將此一抽象化的概念具體化與類型化，對於在實踐中正確認定權利濫用，防止權利濫用具有重要意義。我國民法第 148 條規定權利行使之方式，在消極方面，行使權利不得違反公共利益、不得以損害他人為主要目的；在積極方面，行使權利要用誠實及信用之方法。從反面解釋此一條文之規定可知，凡是行使權利違反公共利益、以損害他人為主要目的或違反誠實及信用之方法者，就可稱為濫用權利。因此，權利濫用之類型主要有上述三者，但是學說上通常還把違反善良風俗之權利行使亦歸類為權利濫用類型中之一種。因此本書將權利濫用的類型分為四大種類，其中「以損害他人為主要目的權利行使」這一類的權利濫用，本書將之稱為「惡意的權利濫用」，而「惡意的權利濫用」經常與「違反誠信原則的權利濫用」有重疊之處，請特別注意。於德國法上，因德國民法第 226 條要求要「專」以損害他人為目的，才構成權利濫用，此一構成要件之成立較為不易，因此在德國的司法實踐中，此一條文較不具重要的意義，其惡意的權利之濫用經常由第 242 條之誠實信用原則所取代。[27]反觀

---

[26]　鄭玉波，〈權利濫用之研究〉，頁 52–53。山本敬三，《民法講義 I──總則》，解亙譯，頁 406。

[27]　Ruethers/Stadler, Allgemeiner Teil des BGB, S. 51–52, 13. Auflage, Verlag C. H. Beck Muenchen 2003.

我國之情形則有所不同，因我國民法第 148 條僅要求「主要」目的為損害他人，就可構成權利濫用，故我國最高法院之判決，似乎較偏好以「惡意之權利濫用」（第 148 條第 1 項），而非「違反誠信原則之權利濫用」（第 148 條第 2 項）作為權利濫用之判決基礎。❷⁸

一、違反誠信原則的權利濫用

誠實信用原則規定於民法第 148 條第 2 項，誠實信用看起來只是簡單的四個字，但是它有悠久的歷史，它的內容極為豐富，它不僅涉及到法理的問題，還涉及到法律的文化、道德和社會學的問題。❷⁹

由於權利為社會的制度，其規律個人於社會生活中活動之界限，故其行使，必有一定之範圍，並依誠實信用之方法，不能違背公平的要求。若逾越一定之界限而行使，無視他人之利益，即為權利之濫用。❸⁰**有許多學者認為，禁止權利濫用原則實際上是誠實信用原則的反面規定，或者說是誠實信用原則的派生原則。**誠信原則要求一切民事權利的行使，不能超過其正當界限，一旦超過，即構成濫用。這個正當界限，可以誠實信用原則當作準繩。誠實信用原則是民法中極為重要的解釋性基本原則，其性質亦屬一般條款，因其極為抽象，故有必要將其具體化，類型化。違反誠信原則之權利濫用又可分為以下幾種類型：

(一) 行使不正取得之權利

根據誠實信用原則，權利人行使權利時，必以忠實的態度顧及對方的利益，假使權利人係通過自己之違法或不忠實的行為而取得權利，則該權利的行使因違反誠信原則而不被許可。例如合夥之解散原因係可歸責於某合夥人者，則該合夥人所提起解散合夥之訴，便屬違反誠信原則，而構成

---

❷⁸ 姚志明，《誠信原則與附隨義務之研究》，頁 38，元照出版公司，2003 年 2 月初版第 1 刷。

❷⁹ 其詳見本書第三章。

❸⁰ 黃棟培，《民法總則釋義》，頁 234。

不被許可之權利濫用。又例如債權人因為保證契約而取得對保證人之債權，但因債權人曾策動債務人不給付債款，在此情形之下，債權人如主張權利，則構成權利之濫用。**❸**

(二) 出 爾 反 爾 之 行 為 (Venire Contra Factum Proprium)

根據誠實信用之原則，任何人主張權利或法律上地位時，不得與其一向之行為相矛盾。故權利人不得為與其先前行為互相矛盾之權利的行使。例如從權利人一向之行為足以斷定權利人將不行使或主張其權利，在引起相對人相信其不行使權利之信賴後，忽然又主張或行使該權利，則構成出爾反爾之矛盾行為，而被認作權利之濫用。「權利失效」原則就是由這種出爾反爾的行為所衍生出來。此項原則與英美法上之「禁反言」(Estoppel) 思維相類似。

(三) 欠缺正當利益之權利行使

根據誠實信用原則，當權利人行使其權利時，如果損人不利己，或損人極大，而利己極小，就屬欠缺正當利益之權利行使。當權利人行使其權利而違反了法律之規定或權利之目的，而使其權利之行使欠缺正當利益時，即構成權利濫用。例如根據民法第 264 條之規定，雙務契約當事人之一方已為部分或不完全給付時，依其情形，如他方拒絕自己之給付有違誠實信用原則者，則其行使同時履行抗辯權便欠缺正當的利益，而構成權利濫用。又如債務人遲延給付，經債權人為履行之催告，而仍未於催告之期限內為履行給付時，債權人固得解除契約，但債務人在尚未行使解除權之前，附加因遲延所生之損害，為全部給付之提出者，債權人若拒絕受領而解除契約，其拒絕即欠缺正當的利益而構成受領權的濫用。**❸**

---

❸ Ruethers/Stadler, Allgemeiner Teil des BGB, 13. Auflage, Verlag C. H. Beck Muenchen 2003.

❸ 劉雪筠，《權利濫用之研究》，頁 136。

(四) 顯無實益之權利行使

權利之行使於權利人並無實益，卻予相對人相當之損害或不便，亦將違反誠信原則而構成權利濫用。顯無實益之權利行使經常具有惡意，故亦屬惡意之權利濫用。例如：甲將公寓一層租與乙，雙方約定至某年 10 月 31 日屆滿；惟後來雙方復就該公寓締結買賣契約，雙方約定該買賣契約自該年 11 月 10 日起生效。於是甲在 11 月 1 日以出租賃契約屆滿為由，請求乙無論如何應於當日搬出，則因甲依雙方之買賣契約，在 11 月 10 日前即必須將該公寓再度遷交與乙，故甲請求乙遷出該屋，即屬違反誠信原則而構成本案所稱之濫用權利。❸❸

(五) 明顯不成比例之權利行使

權利人雖就其主張有利益，然較之對方就其不主張所存在之利益，極為輕微，其權利之行使即違反誠信原則而構成權利濫用。例如以財產權之主張而危害人格的利益，具體案例如承租人重病時而必欲請求其遷出，其權利之行使即構成違反誠信原則之權利濫用。或又如土地所有權人無正當理由而不顧地上權人之利益，堅持地上權人將土地上之工作物拆除，亦將構成權利濫用。❸❹

二、違反公序良俗的權利濫用

禁止權利濫用原則，就其實質內涵而言，具有強烈的道德屬性，體現民法的倫理精神，是法律化的道德準則。道德是關於人們思想和行為的善與惡，正義與非正義，公正與偏私等觀念、原則、規範和標準的總和。禁止權利濫用原則從其內容來看，是與一定社會的道德準則密切相關的，是一定社會的道德要求的法律表現。禁止權利濫用，就是反對權利人行使權利時的一切不道德、不正當的行為，亦是禁止權利人行使權利，超越正當

---

❸❸　劉雪筠，《權利濫用之研究》，頁 137。

❸❹　劉雪筠，《權利濫用之研究》，頁 137。

界限，害及他人和社會的利益，損害社會的正常秩序。而這些道德當中，除上述之「誠實信用」以外，於我國民法有明文規定者尚有「善良風俗」。我國民法第 72 條規定:「法律行為，有背於公共秩序或善良風俗者無效」，立法者將違反善良風俗之法律行為評價為無效，可見其違反社會性之嚴重程度，同樣的，以事實行為或準法律行為行使權利，如有違反善良風俗，當然可視為權利濫用。奧地利民法第 1295 條第 2 項規定:「故意以違背善良風俗之方法，加損害者，應負賠償責任；但其損害如係因權利之行使而發生者，以其行使權利顯然以損害他人為目的者為限，負其責任」，此一規定係從社會觀點而著眼，揭櫫「善良風俗」此一客觀標準，以決定權利是否濫用。❸❺在德國判例及學說上，為禁止惡意的權利行使之擴大，也將善良風俗作為是否行使權利濫用之標準。❸❻

善良風俗是民法中一項非常重要的基本原則，但是有關善良風俗如何認定則是值得進一步研判的問題。史尚寬教授曾謂:「何種事項屬違反公共秩序及善良風俗，難以一一列舉。蓋以社會之一般秩序、一般道德為抽象的觀念，其具體的內容，隨時代而變遷，應按照時代需求而個別具體決定」。「善良風俗謂為社會國家之存在及其發展所必要之一般道德。因此，善良風俗概念的內涵以道德為核心，是道德準則的法律化」。可見善良風俗的判斷標準有其相當的困難度。但如從其具有維護國家利益、社會公共利益及一般道德秩序的功能來看，如果立法當時不可能預見一切損害國家利益、社會公益和道德秩序的行為而作出詳盡的禁止性規定，設立善良風俗原則則可以彌補禁止性規定之不足。亦即善良風俗原則具有一般條款的性質，目的在於遇有損害國家利益、社會公益和社會道德秩序的行為時，因缺乏相應的禁止性法律規定，法院可直接適用善良風俗原則判決該行為無效。權利之行使應遵守善良風俗之原則，固不待言。❸❼故權利之行使違反善良風俗即為權利之濫用。如上所述，善良風俗具有一般條款之性質，所以有

---

❸❺ 鄭玉波，〈權利濫用之研究〉，頁 51。

❸❻ 史尚寬，《民法總論》，頁 645。

❸❼ 史尚寬，《民法總論》，頁 120。

必要對其加以具體化、類型化。

違反善良風俗之權利濫用可分為以下之類型:

(一) 違反人倫之行為

違背父母子女、夫妻間之人情道義或其他一般人倫所為之權利行使,屬違背善良風俗之權利濫用。例如**父母使子女為娼、為盜**,即為**違反善良風俗之權利濫用。** ❸

(二) 違反正義觀念之行為

就慫恿或助長他人犯罪或為其他不法行為之契約,對其契約上之權利加以主張,其權利之行使將被認為違反善良風俗之權利濫用。例如僱用殺手謀殺仇人,而請求受僱人履行義務;或對妓院之承造人請求建造,對妓院之房屋出租人請求交付使用等,均屬違反善良風俗之權利濫用。惟因少有請求這種契約之履行或債務不履行之損害賠償之訴的提起,對這種案型的判決非常少見。 ❹

(三) 過分剝奪或限制個人自由之行為

過分剝奪或限制個人自由之行為亦屬違反善良風俗之權利濫用,惟對個人自由之剝奪或限制,是否過甚而導致違背善良風俗,須視其限制是否足以妨礙受限制人之個性之自由發展,而致不能發揚其社會的機能,加以慎重地決定。故自由之限制,如對受限制人「作為其所屬職業團體或階級之一個成員,謀其將來社會生活之實質的向上」有所影響,且對社會經濟予以不利益者,該限制即屬違背善良風俗之權利濫用。例如就人身買賣契約,其買受人請求履行交付義務;娼妓契約中,直接或間接強制娼妓為服務之行為等,均構成違反善良風俗之權利濫用。 ❺

---

❸　洪遜欣,《中國民法總則》,頁 338。劉雪筠,《權利濫用之研究》,頁 142。

❹　洪遜欣,《中國民法總則》,頁 338。劉雪筠,《權利濫用之研究》,頁 142。

❺　劉雪筠,《權利濫用之研究》,頁 137。

(四) 過分限制營業自由之行為

營業自由之限制（或稱為「競業禁止」）亦屬人身自由限制之一種，如其達到過分之程度，亦被認為屬於違反善良風俗之權利濫用。判斷營業自由之限制是否因其過甚而致違背公序良俗，應從社會的立場為之。❹關於「競業禁止」是否違背善良風俗之判斷，主要以其限制之範圍及時間的長短為標準。範圍太廣或時間太長之限制，皆足以構成善良風俗之違反。此外，有時就「競業禁止」是否違反善良風俗之判斷上，不但應考慮被禁止者之個人的就業利益，有時還應考慮公益上的觀點，例如對律師或醫師之「競業禁止」，除在業務交換之情形，關於其返回原執業地之禁止，在相當之區域範圍及時間長度內，以其尚符合意旨而被認可外，其餘一概皆被認為違反善良風俗。❷因此僱用人如就禁止競業之時期、地域及種類，對受僱人加以過當的限制；同業間為操縱及壟斷市場，所定立之禁止競爭同盟契約；僱用人間約定，在某僱用人處工作之員工，他僱用人須得該僱用人之承諾，始得再加雇用等，均因過分限制營業自由，其基於上述契約而請求履行時，其權利之行使均構成違反善良風俗的權利濫用。❸例如**禁止員工自行開店，或到其他廠商就業長達五年之久，而不支付任何對待給付者，依德國聯邦勞動法院之見解應構成違反善良風俗之權利濫用。**此外，德國聯邦最高法院還認為，使一個出版商就一個作家之作品永久享有優先出版權，而卻不負出版義務之約定，係對該作家之經濟及個人自由的過分限制，從而依上開理由裁判為無效。❹

(五) 投機取巧之行為（射倖行為）

人類皆有射倖性，以企圖一時之僥倖之利益。雖然對於射倖行為不一

---

❹ 洪遜欣，《中國民法總則》，頁 340。劉雪筠，《權利濫用之研究》，頁 144。

❷ 黃茂榮，《民法總則》，頁 545。

❸ 洪遜欣，《中國民法總則》，頁 340。劉雪筠，《權利濫用之研究》，頁 143。

❹ 黃茂榮，《民法總則》，頁 545。劉雪筠，《權利濫用之研究》，頁 143。

定要絕對加以禁止，但仍應有一定界限。即雖有人偶然得利，但無人因此而受損害者，並不違善良風俗；反之，某人之偶然得利，係以他人之偶然損害為其犧牲者，則違反善良風俗。因此，基於賭博、買空賣空等行為性質之契約而請求履行者，其權利之行使均構成違反善良風俗之權利濫用。惟法律特別公認之射倖行為（如彩券或馬票之買賣行為），因阻卻其反社會性，故已非屬違反善良風俗之行為。 **❹**

三、違反公共利益的權利濫用

(一) 法權觀念轉變所衍生之重視公共利益

近現代以來，法律的觀念發生變化，法制由權利本位演進到權利社會化。在權利社會化的法制中，權利具有社會性，法律保護權利，不僅在於保護個人謀取利益，而且同時也在維持社會的秩序，增進社會公共的福祉。權利人行使權利，必須符合法律賦予權利的本旨，必須使個人利益與社會利益相協調，不能不顧社會的利益，破壞共同生活的和諧。個人追求利益，行使法律賦予之權利的同時，也不應損害社會公共利益。如果權利人無視社會公共利益，恣意行使其權利，損害社會公共利益，法律應予以禁止。故此，我國民法第148條乃規定「權利之行使不得違反公共利益」。然而究竟何謂「公共利益」？至今並未有絕對的標準答案，有學者甚至認為，公共利益具有概念內容不確定性的特徵。 **❹** 儘管很難有明確的定義，有學者基於對公共利益的認識，認為以下之案例為違背公共利益之案例：甲將自己土地上之公眾飲水用之水井封閉，則其行使土地所有權之行為，即屬違背公共利益，不能發生禁止公眾飲水之效果；私人所有之土地既成為公眾通行之道路，則雖為私人所有，也不容許私人在該道路上起造建築物妨礙交通；私人所有土地成為道路俱公眾通行數十年，並已因時效而有公用地役

---

❹ 洪遜欣，《中國民法總則》，頁340。劉雪筠，《權利濫用之研究》，頁144。

❹ 石佑啟，〈論公共利益與私有財產權保護〉，頁74，收錄於《法學論壇》，2006年11月。

權存在，其所有權之行使，應受限制，所有權人如禁止公眾通行，或將道路改為田地，其行為即屬違背公共利益的權利濫用。❹從以上案例之共同屬性可知，以公共利益為由禁止權利之濫用主要表現在對物權的限制。

(二) 公共利益的認定宜謹慎

民法第 148 條明文規定：「權利之行使不得違反公共利益」，違反公共利益即為權利之濫用。基於社會公共利益限制權利行使，其關鍵點在於把握權利行使是否真正損害到社會公共利益，因此，對於公共利益的認定不可無一定的標準，而應結合個案中權利人的行為客觀的認定。有學者認為，公共利益一詞，稍嫌空泛，惟有依賴權利人之良知而自知約束，而於有爭議時經其相對人或利害關係人之抗辯或異議，而由法院裁決。❽因此必須對公共利益之概念有基本的認識。通說認為，公共利益並非特定人之利益，乃國家社會之利益。例如私有土地供公眾通行已有相當期間而為既成道路時，所有人竟將之變更其用途，妨害大眾之通行，即為違反公共利益，故為權利之濫用。不過，將違反公共利益視為權利濫用在某些極端的案例必須特別小心，否則對於人民的權利是一種剝奪。以公共利益限制權利的行使必須有充分的法律依據；除了在民事基本法規對公共利益加以限制外，還應根據所頒布的行政法律、法規對權利的行使加以公法上的限制。有關公共利益相關法律有下列的規定：礦業權依一定期間之不行使，得予撤銷；發明專利權不實施或未適當實施時，專利主管機關得撤銷其專利權，或依關係人之申請，專利主管機關得強制授權實施。

德國基本法第 14 條第 2 項規定：「所有權負有義務。行使所有權應同時服務於公共利益」。德國著名法學教授梅迪庫斯認為這是一條用以限制權利行使的、高度抽象的規定，直接從這一規定推導出一種權利限制是很有問題的。舉例說，抽一根煙或收取一項債權如何才能服務於公共利益？而無論如何，抽煙和收取債權毫無疑問都是合法的行為。如果要對「是否有

---

❹　黃村力，《民法總則新論》，頁 599。

❽　李模，《民法總則之理論與實用》，頁 357。

利於公共利益」做完整的審查，一個國家就會變成一個喪失自由發展人格空間的警察國家。我們試想一下這樣一種情景：在一個週末，員警對所有的機動車輛的車主進行審查，看他們行使所有權的行為是否同時有利於公共利益；如果審查結果認為駕車行為不利於公共利益，則屬濫用權利行為，因此不得駕車出行。**㊾**

(三) 援引公共利益應注意是否有特別法之規定或行政命令

一般而言，對於違反公共利益之權利濫用的情形，應注意是否已有法律之明文規定或行政機關之行政命令，例如「電業法」、「自來水法」中如有特別規定，則在認定違反公共利益之「權利濫用」較無爭議。然而，如果未經法律特別規定之情形而欲以違反公共利益而適用「權利濫用」以限制私權之行使，則必須格外地慎重，即須衡量一切情事而有堅強之理由與必要性，以免動輒假「公益」之名而發生危害私益之不當結果。有學者認為，以公共利益限制物權的行使應有合理界限，即必須符合法律保留原則、比例原則、信賴保護原則。此外，在根據公共利益限制權利之行使時，必須對權利人進行公平合理的補償。**㊿**

我國有一則關於變電設施拆除的判決就是以違反公共利益而被視為權利之濫用，該著名案例為 79 年臺上字第 2419 號判決：「設上訴人所辯系爭土地上建之變電設施，一旦拆除，高雄市都會區居民之生活勢將陷入癱瘓，所有生產工廠均將停頓云云，並非誇大其辭，而事實上復無其他適當土地取代，則被上訴人仍本於所有權請求上訴人拆除地上變電設施，交還系爭土地，其於行使權利顯然違反公共利益，依第 148 條第 1 項規定，應為法所不許」。

㊾　梅迪庫斯，《德國民法總論》，邵建東譯，頁 111。

㊿　凌琳，《以公共利益限制物權的法理和制度研究》，頁 21–26，中南大學碩士論文，2007 年。

四、損害他人為主要目的之權利濫用

民法第 148 條明文規定「行使權利不得以損害他人為主要目的」，否則即為權利之濫用。損害他人為主要目的之權利濫用亦可稱為惡意損害型濫用行為，實際上就是以故意的方式損害社會公共利益或者他人合法權益為目的的行為。如缺乏正當利益或者於己無益之濫用行為，選擇有害的方式行使權利的行為，以及損害大於獲取的利益的行為等均是。究竟是否以損害他人為主要目的，勢必仍須依其情事為客觀之判斷，非可僅以權利人或相對人之主觀意思為依據。有學者認為，**此種禁止權利濫用之本旨，實際上與「誠實及信用方法」相通。權利之是否濫用，仍不妨依誠信原則，為概括衡量之標準。**❺❶惡意的權利濫用有以下之類型：

(一) 權利消極行使型濫用行為（權利失效）

所謂權利消極行使型濫用行為，就是指權利的消極行使超越正當界限造成社會公共利益或者他人合法權益損害的行為。權利消極行使的方式主要有不行使權利、拋棄權利等。權利失效制度就是由權利消極行使演變而來。權利失效制度係指權利所有人長期不行使權利時，使相對人產生一種其不再行使權利的信賴，則就不再允許其行使權利。此理論乃基於誠信原則由判例發展而來。這種理論認為，不行使權利就是權利濫用的形式之一。一般認為，權利失效的構成要件有三：第一，權利人在相當長的時間內不行使其權利；第二，權利人不行使其權利之狀態已使對方確信其不欲再行使其權利；第三，若允許權利人行使權利，會造成當事人之間利益嚴重失衡。❺❷

以下之例為權利消極行使型濫用行為：**甲明知鄰地乙所建之大樓有越界之情事，但不即時提出異議，等該大樓建築完成後，甲乃主張乙占用土地數坪，而訴請乙拆屋還地，即為權利濫用。**蓋因大樓建築成本甚鉅，而土地占用坪數極少，土地所有人之利用價值不大，如欲以此理由而拆除大

---

❺❶　李模，《民法總則之理論與實用》，頁 357。

❺❷　蔣立軍，《權利失效制度之研究》，頁 9。

樓（即為利己極微而損人極大之行為），法院應予不准許拆除之裁判，但須由乙對甲支付租金或賠償其土地被占用之損害。

(二) 違背權利目的型濫用行為

所謂違背權利目的型濫用行為，就是指權利的行使違背權利設定目的的權利濫用行為。權利的設定，必有其特定的目的，權利在行使過程中如目的不正當，亦可構成權利濫用。例如民事代理權的行使，如果代理人以被代理人的名義與自己簽訂契約；或者代理人同時代理雙方當事人訂立契約，都屬於此種形式。因為代理制度設定的宗旨就是使不能親自為法律行為的被代理人在代理人的幫助下完成權利的行使和義務的履行。這項宗旨要求法律對被代理人予以幫助，也就是要求代理人謹慎適當地履行代理義務，為保護被代理人的利益盡心竭力。而自己代理和雙方代理都難以保證代理人充分考慮被代理人的利益，從而使被代理人的利益有被損害之虞，應屬代理權的濫用。又例如甲之土地已有豐富之水源，而又在接近鄰地之土地上挖掘深水井，用以洗車及噴澆花草之用，其目的乃欲使鄰地之水井枯乾，應屬違背權利目的型濫用行為。

(三) 與所引起信用相違背型濫用行為

所謂與所引起信用相違背型濫用行為，就是指權利人不得從事與其所引起的信用相違背的行為。權利的行使，必須遵守誠實信用原則。上述之權利失效制度一方面雖然可歸類為「權利的消極行使」，但另一方面也可歸類為「與所引起信用相違背型濫用行為」，即如有權利而在相當期間內不為行使，致他方相對人有正當理由信賴權利人不欲履行其義務者，則權利再為行使，即為權利濫用。與所引起信用相違背型濫用行為還有下列情形，如矛盾行為、契約訂立過程中的惡意磋商行為等。

(四) 損害超過可忍受程度型濫用行為

所謂損害超過可忍受程度型濫用行為，就是在權利不相容或者發生衝

突時，權利人行使權利導致的損害結果超過社會一般觀念所能忍受的程度的行為。該類型最為常見的情形為相鄰關係中的權利濫用。如權利人因行使企業的營業權，利用自己或他人的土地經營或從事開發建設活動而產生廢水、廢氣、廢渣、粉塵、輻射、噪音、熱量、震動、地面下陷等侵害，危害鄰人身體健康和財產的，如果超過社會容許限度，則構成權利濫用。又例如甲乙兩人為鄰居，因感情不睦，甲乃故意在自己之土地上建築高大之圍牆，名義上為防止小偷侵入，但實為故意遮掩鄰居之陽光及風水景觀，即為損害超過可忍受程度的權利濫用，乙得訴請甲為適當之拆除。

不過，對於惡意權利濫用之認定應特別謹慎，我國有一些判例認為不構成權利濫用如下：

1.最高法院 45 年臺上字第 105 號判例要旨

民法第 148 條係規定行使權利，不得以損害他人為主要目的，若當事人行使權利，雖足使他人喪失利益，而苟非以損害他人為主要目的，即不在該條所定範圍之內。出租人出售租賃物，因承租人出價過低，乃轉售他人，圖多得售價三四千元，其行為僅圖利己，要非以損害他人為主要目的，依上說明，顯無該條適用之餘地。

2.最高法院 43 年臺上字第 879 號判例

甲擅自在乙之土地上蓋建房屋，乙訴請甲拆屋還地，亦非專以損害他人為目的，乃是為維護自己土地所有權之完整而行使權利，不構成權利之濫用。

3.最高法院 43 年臺上字第 281 號判例

甲於自己之土地上蓋建房屋，雖係乙通行出入必經之道。但甲早已留有適當之通路，乙主張甲濫用權利，而訴請甲拆除房屋，為無理由。因甲於自己之土地上建築房屋乃正當之權利行使。

02

第四節　權利濫用的法律效果

　　權利人濫用權利會給他人或社會帶來損害，當然在法律上應給予違法性的負面評價。問題是民法第 148 條並未規定其法律效果，且因濫用權利的行為及類型形形色色，尤其因為權利濫用類型的開放性，權利濫用的法律效果也呈現出多樣化的趨勢。如對權利濫用的法律效果予以歸納，其法律效果主要有：行為無效、限制權利、權利失效、剝奪權利、損害賠償責任、請求停止侵害或排除侵害、權利救濟。

一、行為無效

　　權利濫用行為的法律後果原則上是行為無效。如汽車批發商 X 與汽車零售商 S 簽訂附所有權保留條款的汽車買賣契約，之後零售商 S 將汽車出售給顧客 Y 且顧客 Y 已將價金支付完畢。由於零售商 S 未向批發商支付價金，批發商 X 基於所保留的所有權對客戶 Y 請求交付汽車。根據 X 與 S 的約定，X 在價金完全得到清償前保留對汽車的所有權，因此，只要 S 沒有支付價金，原則上 X 可以根據所保留的所有權，請求 Y 交付汽車。但是法院判決認為，批發商 X 利用所有權保留此一制度將自己負擔的價金回收不能的危險轉嫁於顧客 Y，使已經支付了價金的顧客 Y 遭受不測的損害，屬於權利濫用，判決該批發商 X 不得請求交付汽車，即簽訂附所有權保留條款的汽車買賣契約是無效的。❸

二、限制權利

　　濫用權利是因權利人不正當行使權利，而給他人或社會帶來損害，因此，可對其權利予以限制，以維護他人和社會公共利益。權利受到限制的情形，通常為可行使的權利而消極的不行使，但尚未達到比較嚴重之程度

---

❸　山本敬三，《民法講義 I——總則》，解亙譯，頁 405。

者，雖亦可構成權利濫用，但其後果限制其權利即可。限制權利的意思是指一方面使權利人仍享有權利，但是必須容忍他人對於其權利的行使的限制，從而使權利的行使和後果有利於權利主體，又不損害社會公共利益或者他人的合法權益。如自專利權被授予之日起滿一定時間後，任何人均可以依照專利法的規定，請求專利主管機關給予強制許可（強制授權），在此種情形，專利權人的權利僅受到限制，但還未到權利全部被剝奪的地步。

三、喪失權利或形成相對人的抗辯權

權利人行使權利的前提，應當是具有合法權利的存在，行使之後由法律作出評價，如果權利人濫用權利，則違反了權利的本質，不僅該行為無效，還可能引起權利喪失的法律後果。例如權利失效制度是由於可行使的權利而不及時行使導致的，而且該權利失效是由於違背誠實信用原則引起的。除了物權、人格權以外，法律上的權利通常有期限性，有權不用，過期作廢。如民法關於消滅時效、除斥期間的規定就體現出此種精神。司法實務上亦作出同樣的認定，如 72 年臺上字第 2673 號判決所稱：「權利者在相當期間內不行使其權利，並因其行為造成特殊情況，足引起義務人之正當信任，認為權利人已不欲行使其權利，而權利人再為行使時，應認為有違誠信原則，故得因義務人之抗辯，使其權利歸於消滅」。

四、剝奪權利

權利行使者對其可行使的權利如不及時行使，而該權利又與公共利益關係密切，或者權利人惡意行使權利，嚴重危害他人合法權益或者公共利益的，該權利將被剝奪。剝奪權利就是一種資格的剝奪，是對權利濫用者在權利的享有與否方面最嚴屬的一種懲罰，非剝奪權利濫用者的權利不足以保護社會公共利益或者他人的合法權益而採取的法律措施。例如**長期虐待子女導致親權被剝奪**等。但是應注意的是，有些權利是不能剝奪的，如私法上的離婚自由。

五、負損害賠償責任

權利人濫用權利的行為具有違法性，其結果如實際上已損害了他人的合法權益，應負侵權行為的損害賠償責任，這裡的損失不以財產損失為限，還包括精神損害在內，而且既包括直接損失，也包括間接損失。

除了以上之幾種法律效果外，如因權利濫用行為處於繼續狀態時，相對人有權請求停止侵害、排除妨礙、消除危險等。此外，權利濫用之行為，不受保護，對於濫用權利之行為，得依民法第 149 條之規定為正當防衛；具備自助行為之要件時，亦得為自助行為。❺❹

02

第五節　禁止權利濫用原則的功能

法律原則在民事立法、民事司法和民事活動中都具有一定的功能，這就是法律原則的功能。禁止權利濫用原則的功能可分為一般功能與特殊功能。

一、一般功能

所謂一般功能係指所有民法原則所共同具有的功能。一般而言，民法原則具有以下功能：民事立法的指導功能、作為民事活動準則的功能、作為解釋民事法律法規之依據的功能、授權法官造法的功能。作為民法基本原則之一的禁止權利濫用原則，自然具備上述民法基本原則的一般功能。

(一) 民法立法的指導功能

立法者在制定法律時，都要遵照一定的立法指導思想、立法政策。立法的指導思想和立法政策要用高度概括的一般條款作為原則性的規定，這種一般條款就是民法基本原則。民法基本原則是貫穿於整個民事立法，對

❺❹　史尚寬，《民法總論》，頁 661。

各項民法制度和民法規範起統率和指導作用的立法方針。立法者在立法過程中，只有以民法的基本原則為準則，才能制定內在一致的各項民法制度和民法規範。禁止權利濫用原則為各項具體的民法制度和法律規範提供基本的價值取向，已是現代法治國家所共同採用的立法原則。禁止權利濫用原則的立法目的主要是為了反對權利絕對，反對權利人行使權利損害他人和社會的公共利益，要求權利人行使權利時，應限定在權利之本質或社會、經濟容許的界限之內。亦即要求權利人行使權利時，除兼顧個人利益而不損害他人利益為主要目的外，也不能違反公共利益或社會上的善良風俗。**禁止權利濫用原則體現立法者對權利行使的基本思想，必然要貫徹到各項具體的法律制度和法律規範之中，民法第 1090 條就直接使用「濫用」一詞，雖然我國民法各編中有許多條文之規定，都具有禁止權利濫用之精神，但大多數並未直接使用「濫用」一詞。**

(二) 人民從事民事活動應遵循的行為準則

人民在民事活動中，首先應以具體的民法規範作為行為準則，因為具體的民法規範是由民法基本原則具體化而來，可以直接操作。但是當現行民法典裡缺乏可以直接適用的具體規範時，人民就應以民法基本原則作為行為準則。禁止權利濫用原則，是人民進行民事活動應遵循的行為準則。**禁止權利濫用原則向人民提出不得濫用權利以損害他人與社會公共利益的基本要求，人民的行為如果違反了這種基本要求，法律將對其作否定評價。**禁止權利濫用原則得具體化為各項民法規範，人民按照此種體現禁止權利濫用原則的具體規範行事，也就是遵守了禁止權利濫用原則。當然，禁止權利濫用原則不能毫無遺漏地具體化為各項民法規範。這種情況下，人民應以禁止權利濫用原則作為行為準則，按照權利濫用原則所提出的不得濫用權利以損害他人與違反社會公共利益行使其權利。

(三) 解釋民事法律規範的依據

禁止權利濫用原則不僅是人民應遵循的行為準則，也是法院解釋民事

法律規範的依據。法院在審理民事案件時，必然要對所應適用的法律規範進行解釋。此時，法院應依據民法基本原則，對法律規範作符合民法基本原則的解釋，而禁止權利濫用原則就是法院對法律解釋的一項重要依據。法院針對待決案件解釋法律，其解釋的結果應符合禁止權利濫用原則的要求，即要平衡權利人個人利益與社會公共利益，禁止權利人濫用權利，損害他人與社會的公共利益。如果法院對法律的解釋違背了禁止權利濫用原則，就不能說是正確有效的解釋。

(四) 授權法官補充法律漏洞

所謂法律漏洞，就是指關於某一個法律問題，法律按照其內在目的及規範計畫，應期待設有具體的規定，但法律卻未有規定。成文法不可避免地存在著法律漏洞，這已是判例學說公認的事實。法律漏洞的存在，給法官適用法律帶來困難，但是法官不得因此拒絕裁判，相反地，法官有補充法律漏洞的義務。正是由於法律漏洞的存在，立法者不得不授予法官一定的法律漏洞補充權，法官因此也就享有一定限度的造法的權力。法官在造法時，往往要援引民法的基本原則。作為民法基本原則的禁止權利濫用原則，經常被法官援引用於法律漏洞的填補。禁止權利濫用原則既是法官填補法律漏洞的依據，又是法官填補法律漏洞時享有自由裁量權的一種限制。

二、 特殊功能

所謂特殊功能係指其有別於其他基本原則所具有的功能。禁止權利濫用原則的上述功能亦為其他民法基本原則所共同具有的功能。在學說與判例不斷發展研究之下，對禁止權利濫用原則的功能也有一些新的發展，林誠二教授根據日本判例與學說之發展更多方地考察其在法律實踐中獨特的功能。其認為，由於禁止權利濫用原則的適用範圍擴大，作為極其便利的一般條款極易被濫用，有危及法的安定性的危險。為防止禁止權利濫用原則被濫用情況的發生，在經過學說對該原則在現實中的功能進行考察，並對其功能加以類型化，就每個類型探討禁止權利濫用原則適用的必要性。

學者概括禁止權利濫用原則另有四項獨特的功能，即判定侵權行為的功能、權利範圍明確化的功能、權利範圍縮小化的功能、強制調解的功能。 ❺❺

(一) 判定侵權行為

即在行為人看來合法的行為，由於其造成他人或社會的損害，法院即可援引禁止權利濫用原則，認定行為人的行為構成侵權行為，行為人須負損害賠償之責。在此，禁止權利濫用原則的適用擴大了侵權行為的適用範圍。一般情況下，行為人行使權利，造成了他人或社會的損害，很難直接依據民法關於侵權行為的規定加以處理。民法關於侵權行為通常都規定了不法要件，而權利行使往往係合法行為。但是，就權利人行使權利損害他人或社會這一點而言，出於公平的考慮，以不公平為理由，判定權利人行使權利構成權利濫用，則相對較為容易。因此，法院往往通過將不法要素轉化為權利濫用，由此擴張不法要素，包含權利濫用，繼而判定行為人構成侵權行為，責令其負損害賠償責任。然應特別注意者，權利濫用原則之本質與侵權行為之本質有所不同。

(二) 權利範圍明確化

權利都有一定的範圍、有自己的邊界。既然權利是有範圍的，一個人在實現自己的利益而行使權利時不得侵犯他人的權利，否則實際上就否定了他人權利的存在。權利雖然有其範圍及邊界，但權利的範圍及邊界並不一定是清晰的，相反在很多情況下，權利的範圍及邊界是模糊的。權利界限的模糊性，在權利人行使權利時會引發很多問題，導致權利人之間發生權利的衝突。在這種情形下，權利濫用原則就發揮其明確權利範圍的功能。也就是說，通過判定權利人是否構成權利濫用，從而明確權利範圍的界限。

---

❺❺　林誠二，〈再論誠實信用原則與權利濫用禁止原則之機能〉，頁 47–49，收錄於《臺灣本土法學雜誌》第 22 期，2001 年 5 月。

(三) 權利行使範圍縮小化

如前所述，禁止權利濫用原則的出發點為權利行使之限制，此一限制將使某一項權利的範圍縮小。

(四) 強制調解

權利人行使權利，常會涉及他人與社會的利益，可能造成他人與社會一定程度的不利益。尤其當權利人行使權利時，其所取得的利益，較之其對於他人與社會造成的損失不成比例，法律應干預權利人的權利行使，採用權利濫用原理強制權利人與他方當事人進行調解。此即以權利濫用為根據，強行調解權利人與他人或社會的利益衝突。如現代生活中，因公共事業所需，要在土地所有人的土地上設置電線、煤氣管道、水管等等設施。如果土地所有人堅持土地所有權的絕對行使，必使這些公共設施無法設置。而這些公共設施都是牽涉整個社會的重大利益，權利人絕對行使權利也就經常使社會利益遭受重大損失。此時，法律就要限制權利人的權利，在法律上將權利人的這種權利行使認定為權利濫用而予以禁止。但是，出於社會利益的考慮而限制權利人的權利，並不意味著取消權利人的利益，法律可以要求權利人與對方當事人進行調解，就雙方的利益進行協商，滿足各自的利益要求。此即禁止權利濫用原則所具有的強制調解的功能。❺❻

02

第六節 禁止權利濫用原則在司法中的適用

一、授與法官自由裁量權

禁止權利濫用原則在司法中之適用是指賦予法官自由裁量權。當法官對此一原則使用適當，可以使權利得到充分的保護，實現法律的真正公平

❺❻ 朱玉川，《論禁止權利濫用原則》，頁 22–27，西南政法大學碩士論文，2005 年。

正義價值。相反的，法官如果對此一原則使用不當，造成對權利的侵害、減損，以致喪失。因此，在司法實踐中，應對禁止權利濫用原則慎加使用。其中至為關鍵的是，應要求法官遵循一定正當合理的程序，以確保自由裁量權的行使不偏離保護權利的最終目的。

二、禁止權利濫用原則適用應謹慎

法律原則通常具有主導法律思想的特質，但其適用於裁判個案時必須非常謹慎，亦即其必須借助法律或司法裁判的具體化才能獲得裁判基準。要適用法律原則裁判個案，必須經由足夠的具體化。法律原則的具體化就是法官於司法個案的具體情況所作出的價值判斷，以對法律原則進行價值補充。因此，法官在適用禁止權利濫用原則時必須注意以下的問題。

(一) 禁止「向一般條款逃避」

所謂「向一般條款逃避」，指關於某一案型，法律本有具體規定，而適用該規定與適用法律基本原則，均能獲得同一結論時，不適用該具體規定而適用法律基本原則。法官雖然有自由裁量權，但是「向一般條款逃避」的現象應予禁止。據此，適用禁止權利濫用原則時，應排除適用具體法律規定可得同一結果的情況。理由在於，禁止權利濫用原則是權利行使的指導原則，法律往往對之作出具體化的規定。換言之，立法者根據禁止權利濫用原則，斟酌各種典型事態作利益衡量及價值判斷，訂定構成要件及法律效果，形成個別制度。我國民法總則編中第101條規定：「因條件成就而受不利益之當事人，如以不正當行為阻止其條件之成就者，視為條件已成就。因條件成就而受利益之當事人，如以不正當行為促其條件之成就者，視為條件不成就」。此一規定的主要目的是為了禁止違反誠信原則的權利濫用，立法者已作出利益衡量及價值判斷而形成具體規定，因此，法官於審判時，如遇有此類之案件，則應援引民法第101條規定，而非民法第148條之規定，否則就是「向一般條款逃避」。

(二) 必須作利益衡量

禁止權利濫用原則之適用須經由法官的利益衡量，而法官對於利益衡量的過程，負有充分說理的義務。法官面對無明文規定的系爭案件，依類推適用等補充方法也不能解決時，就有可能適用禁止權利濫用原則。法官解決紛爭就需要確立妥當的利益衡量標準，進行利益衡量，決定爭議的哪一方的利益應受保護。法官衡量當事人雙方的利益，或者當事人利益與社會公共利益，判決一方當事人是否構成權利濫用。法官對禁止權利濫用原則具體化的過程，實際上是利益衡量的過程。不過，法官的利益衡量，容易受其主觀感情的影響，若其衡量過程模糊不清，容易導致法官恣意裁判。因此，為防止法官濫用一般條款，就有必要要求法官詳盡說明其利益衡量過程。施啟揚教授曾特別提出，在解釋或認定公共利益時，應注意者有：

1.公共利益必須與不特定多數人的利益有關，僅涉及特定人或少數人的利益，並無公益原則的適用。因此民法物權編第 765 條、第 775 條、第 776 條、第 780 條、第 795 條等有關相鄰關係的規定，與民法第 148 條第 1 項的精神不同，能否稱為公共利益，殊有疑問。

2.是否違反公共利益係客觀的標準，應以權利人行使權利的內容、方式及其結果，加以判斷，而非以權利人的主觀動機及目的為認定標準。由於維護公共利益致權利的行使受到限制，對於權利人可能有相當的不利益，因此除法令有明文規定外，在適用上應從嚴解釋公共利益，以免權利人受到過分限制。私人權利因公共利益受到限制或剝奪時，依法律規定通常均給予補償，如徵收私人土地的補償。

第七節 禁止權利濫用原則與誠實信用原則的關係

我國民法第 148 條規定了兩種民法上的基本原則，民法上的基本原則是可以適用於整部民法的原則，是學習民法者不可不重視的民法重要焦點

課題。民法第 148 條第 1 項被稱為禁止權利濫用原則，其內容為：「權利之行使，不得違反公共利益，或以損害他人為主要目的」。民法第 148 條第 2項被稱為誠實信用原則，其內容為：「行使權利，履行義務，應依誠實及信用方法」。這兩種原則並列在同一條文中，容易讓人聯想到此二原則到底存在著何種關係？事實上，禁止權利濫用原則與誠實信用原則之關係早已一再的被討論過，但是對於初學民法的學習者而言，認清兩者之關係甚為重要。兩者的關係問題，學者無論研究誠實信用原則或禁止權利濫用原則時一般都要論及，就其適用關係而言，有重複適用說與重複適用否定說。重複適用說認為禁止權利濫用原則源於誠實信用原則；而重複適用否定說認為禁止權利濫用原則非源於誠實信用原則。

一、重複適用說

對於禁止權利濫用原則與誠實信用原則之關係，向來有不同主張，其中最主流的主張認為，權利濫用禁止係違反誠信原則之效果，因此，運用於具體事件時，可重複適用，例如前述之權利濫用之類型中有違反誠實信用之權利濫用。禁止權利濫用原則是誠實信用原則的反面規定，違反誠實信用原則之權利行使，即為權利濫用。也就是說誠實信用是原則，禁止權利濫用是違反誠實信用的結果。此種學說較合理並較具說服力。因為，實際上權利濫用的行為就是一種違背誠實信用原則行使權利的行為，為法律所不允許。根據前述重複適用說，禁止權利濫用源於誠實信用原則，判定權利濫用，應以誠實信用原則為基礎。誠信原則與禁止權利濫用原則是上位原則與下位原則的關係，誠信原則居於上位原則的地位，禁止權利濫用原則為誠信原則所派生，受誠信原則的支配。在適用法律解決具體案件時，根據法律對權利人所提出的行使權利應遵循誠信原則的要求，判定權利人違反此種要求就構成權利濫用。禁止權利濫用原則是由誠實信用原則演繹出來的，因而在層次上低於誠實信用原則。依據誠實信用原則，行為人作出行為時應當符合正義，即不得恣意為之。誠信原則為禁止恣意原則。誠實信用原則與禁止恣意原則為一物之兩面。由誠實信用原則可以衍生出許

多較具體的原則，如情事變更原則、禁止權利濫用原則。

　　從比較法的角度來看，禁止權利濫用原則源於誠實信用原則在德國與日本都是通說，並且為判例所採納。此說比較正確地揭示了禁止權利濫用原則與誠實信用原則之間的關係，也比較符合兩者在民法中的地位。於德國法中，雖然《德國民法典》第 226 條已有權利濫用之規定，但在理論與實務方面皆顯示出，禁止權利濫用的制度其實是以《德國民法典》第 242 條為基礎，由德國理論界與法院創造出來的新制度。由此可見，禁止權利濫用原則乃誠信原則的發展和延伸，其實際上只不過是誠信原則的具體化，是誠信原則在權利行使領域的具體作用的體現。禁止權利濫用原則是將誠信原則適用於具體個案（即權利的行使）所衍生出來的原則。

二、重複適用否定說

　　重複適用否定說，認為誠實信用原則與禁止權利濫用原則各有不同的適用範圍，二者互不隸屬，並行不悖，因此兩者不可重複適用。具體而言，其主要理由如下：誠信原則僅係如何行使權利及如何履行義務之指導原理，權利濫用禁止法理，並不受誠信原則之拘束，而應就各個具體場合加以處理。誠信原則乃債權法之原則，而權利濫用禁止原則則為物權法之原則。誠信原則係支配契約當事人間之特別權利義務關係，而權利濫用禁止原則係支配無上述契約當事人間之一般權利義務關係。誠信原則為對人關係之法理，權利濫用禁止為對社會關係之法理。❺⑦

　　重複適用否定說以上之理由有其各自不同不能自圓其說的缺點。例如，如果將誠實信用視為債權法的原則，將權利濫用視為物權法原則，既然這兩種原則僅能適用在民法中的特定領域，這就間接否認它們的基本原則的地位。又誠實信用原則如果僅是適用於債權法的原則，則如何解釋其具有「帝王條款」的崇高地位？重複適用否定說將誠實信用原則視為債權法的原則，原因在於各國法律大都將這一原則規定於民法的債編，人們拘泥於

---

❺⑦　林誠二，〈論誠實信用原則與權利濫用禁止原則之機能〉，頁 13，收錄於《民法理論與問題研究》，瑞興圖書股份有限公司，1991 年 7 月初版。

體系與法條文字而作此解釋。但西元 1907 年的《瑞士民法典》,將此項原則規定於法例一章,意味著誠信原則可適用於整部民法。日本戰後修訂民法,強調私權的社會性,也特將誠實信用原則置於總則編,認為其係民法的基本原則,而非僅是債權法的基本原則。

三、禁止權利濫用原則為一獨立原則

從涵義來看,誠實信用原則要比禁止權利濫用的涵義豐富。誠實信用原則要求民事主體在進行民事活動時,主觀心理要真誠善意,行為要守信不欺,主體追求的利益結果應該是平衡的,除了包括當事人之間的利益平衡,也包括當事人與社會利益之間的平衡。顯然地,誠實信用原則的涵義涵蓋了禁止權利濫用原則的涵義。誠實信用原則內涵豐富,涵蓋面廣,所以有必要產生較具體的下位原則,而禁止權利濫用原則正是基於誠實信用原則的要求,在權利人行使權利方面作出規範,將誠實信用原則在此一方面得以相對具體化。雖然禁止權利濫用原則是誠實信用原則的下位原則,但這並不表示禁止權利濫用原則沒有獨立存在的價值。禁止權利濫用原則已經發展成為獨立的法律原則,並且還發展出許多下位原則,如「禁止反言」、「權利失效」、「節手原則」及「相鄰關係理論」。❺❽本書認為,由於禁止權利濫用原則比較具體,其適用亦較為容易,故已發展成為獨立的原則。

四、兩者的相同點

誠實信用原則的宗旨是在當事人的利益之間以及當事人利益和社會利益之間尋求平衡。因此,依據誠實信用原則,權利人在行使權利時,應符合公平正義。因此,在權利的行使方式這個領域,權利人在行使權利時,應符合權利存在之目的,即行使權利不得作為達成權利存在目的之外的目的之手段,否則即為權利之濫用。由此可知,禁止權利濫用原則與誠實信用原則的方向是一致的。

---

❺❽ 丁世榮,《禁止權利濫用原則的研究——以法韓中的立法為中心》,頁 15,對外經濟貿易大學碩士論文,2006 年。

（一）均為道德規範而提升為法律規範

誠實信用，原本是市場活動中形成的道德準則。它要求人們在日常行為中講究信用，恪守諾言，誠實不欺，追求自己的利益時不得損害他人利益和社會利益。誠實信用的道德準則，為從事民事活動的人們樹立了「誠實信用」的道德標準。誠實信用作為道德規範，向來對於人們在民事活動中實際地發揮著一定的調整作用。到了十九世紀末，由於社會狀況的急劇變化，立法者追求加強法對社會經濟生活的調控力量，把目光投向那些對社會經濟生活起實際調整作用的道德規範，誠實信用遂為立法者所重視。於是，立法者把誠實信用原則之道德規範引入民法典之中，將這種原屬道德領域的規範法律化。誠實信用由此成為民法的一般條款與基本原則。禁止權利濫用原則既然源於誠實信用原則，當然也屬道德規範提升為法律規範。

（二）均為民法的一般條款

禁止權利濫用原則與誠信原則不僅皆為倫理性的道德規範，同時也都是民法的一般條款。兩者之所以成為民法的一般條款，一方面是因為其皆由道德規範上升為法律規範，另一方面的原因是因兩者皆屬一個極具模糊性的概念，其內涵與外延均極不確定。因此其涵蓋範圍極其廣大，幾乎遍及於整個民事領域。在某種意義上說，誠實信用原則是民法的最高指導原則，是民法的帝王條款，相對於其他的一般條款，誠實信用原則不能不說具有上位性。民法中的情事變更原則、禁止權利濫用原則等諸多原則都是源於誠實信用原則，並受其支配，居於下位的地位。

（三）均為民法的基本原則

民事法律關係的種類很多，不同類型的民事法律關係間的有關規定，總體上構成民事法律制度。民事法律制度之上則存在著民法的原則。民法的原則很多，有的僅適用於某一領域，有的則貫穿於民法的始終。前者為具體的原則，如公示、公信原則為物權制度的原則，一夫一妻原則為婚姻

家庭制度的原則。後者則為基本原則，其內容具有根本性，反映民事法律關係本質特徵，常體現民事法律關係的一般準則和要求。誠實信用原則與禁止權利濫用原則都是民法的基本原則，也都同樣規定在民法總則中。

五、兩者的相異點

由於誠實信用原則與禁止權利濫用原則的側重點稍有不同，因此誠實信用原則與禁止權利濫用原則兩者之間亦有如下之相異點：

㈠誠實信用原則側重於正面引導，向民事主體提出誠實信用的要求，而禁止權利濫用原則側重於反面禁止，告誡權利人行使權利不得違背誠實信用的要求，強調人們行使權利不得損害他人或社會的利益。在某種意義上，禁止權利濫用是誠實信用原則的效果規定。

㈡誠實信用原則側重於調整當事人之間利益關係的平衡，而且誠實信用原則儘管在法律條文上表現為概括性的權利義務，但是，它在多數情況下具體適用於如契約當事人相互間、夫婦、親子之間等關係，這類關係以人與人之間特定的權利義務為必要，這是誠實信用原則的本來功能，也是主要功能。而禁止權利濫用原則雖然也調整當事人之間利益關係，但是它主要適用於不存在前述關係的人與人之間，典型的如所有權人與非所有權人之間的關係。㊉

㈢誠信原則僅是如何行使權利及如何履行義務的指導原理，不如禁止權利濫用原則之具體，禁止權利濫用原則更適合處理各個具體案件。

㊉　孫天全，〈試論禁止權利濫用原則的性質和功能〉，頁 28–29，收錄於《北京理工大學學報》（社會科學版），2006 年 4 月。

02

第八節　案例研究

案例一

　　王金先與張敦人合夥做生意，雙方的合夥契約約定，如果每年合夥利潤低於五十萬元時，雙方都可主張解除合夥契約。可惜的是，民國95年合夥的利潤只有二十萬五千元，該年利潤之所以比往年大幅下降的主要原因是因為有一職員盜用合夥財產三十萬元。而該職員之所以能盜用合夥財產的主要原因則歸責於張敦人的監督不周。試問：張敦人可以要求解除合夥契約嗎？

➔ 解　答

　　根據雙方的合夥契約約定，如果每年合夥利潤低於五十萬元時，雙方都可主張解除合夥契約。本案中，因民國95年合夥的利潤只有二十萬五千元，已符合解除合夥契約的條件。不過，此一條件的達成是由於張敦人的監督不周所造成。在此種情形之下，如果張敦人要求解除合夥契約，實違反誠實信用原則之權利濫用。

案例二

　　王有理因車禍對張志堅有損害賠償請求權，王有理因而要求張志堅支付賠款，並表示要提起告訴。張志堅乃央請王有理多給一點時間考慮賠償事宜，並告訴王有理他不會提起訴訟時效已過的抗辯，請不用擔心。幾個月以後，張志堅通知王有理他將不準備支付賠款。王有理因此對張志堅提起告訴，張志堅於法庭上則主張時效已過之抗辯。試問：法官應如何判決？

➡ 解 答

　　侵權行為與違反契約之約定均有可能產生損害賠償請求權的問題，而損害賠償請求權有時效的問題，若不及時行使，將成為另一方抗辯的理由（民法第 125 條以下之規定）。為了避免債務人以詐欺的方式使債權人不行使損害賠償請求權，乃有時效中斷之規定，這些時效中斷之規定被認為是誠實信用原則的一種特別的表現形式。本案中，張志堅央請王有理多給一點時間考慮賠償事宜，並告訴王有理他不會提起訴訟時效已過的抗辯，請王有理不用擔心。隨後張志堅於法庭上則主張時效已過之抗辯，這是一種違背諾言又以時效已過之惡意抗辯，在這種情況之下，王有理一方面可用中斷時效，另一方面可用違反誠實信用原則予以制裁。因此，法官無論採用上述何種思維模式均應作出對王有理可請求損害賠償的判決。

案例三

　　王理資賣給張臺生五十臺電腦，雙方約定交付時間為 1 月 1 日，如果未於 1 月 1 日交付，王理資必須支付五萬元的違約金給張臺生。王理資於 1 月 1 日準備交付電腦給張臺生的時候，張臺生卻拒絕接受，理由是他不記得與王理資簽訂過契約。三天以後，張臺生請求給付電腦，並且要求王理資支付違約金五萬元。試問：張臺生可取得五萬元之違約金嗎？

➡ 解 答

　　王理資與張臺生所簽訂的買賣契約中附帶了一個違約金條款。本案中，此一違約金條款附有一停止條件，即只要王理資未於 1 月 1 日交付電腦，王理資就必須支付五萬元的違約金給張臺生。從案例事實得知，王理資並非未如期交付電腦，但事實上，王理資於 1 月 1 日準備交付電腦給張臺生的時候，張臺生卻拒絕接受，理由是他不記得與王理資簽訂過契約。張臺生顯然是打算用此方法以促成停止條件的成就，以便可以獲得違約金。根

據民法第 101 條的規定，在這種情況之下視為條件未成就。所以，張臺生不可取得五萬元之違約金。立法者之所以在民法第 101 條中作如此的規定，旨在阻止一方從違背誠實信用原則的行為中獲利。民法第 101 條雖然未明文寫出違反「誠信原則」四字，但該條文實際上就是誠實信用原則之體現。

案例四

　　南投信義鄉的果農張辛勤向邦泰產物保險公司投保果園的地震險。根據保險契約，如果果園因地震被破壞，必須將果園被破壞的狀況保持二十天，以供保險公司的專家檢查損害狀況。後來張辛勤的果園因地震被毀壞，但是張辛勤沒有等待保險公司所派專家檢查果園受損狀況就先行翻整了果園，因為南投縣政府告知如果不整理果園將會引起害蟲孳生，導致傳染病的發生。事後，果農張辛勤向邦泰產物保險公司請求理賠，邦泰產物保險公司以果農張辛勤未遵守契約之規定拒絕理賠。試問：保險公司是否可拒絕理賠？

➡ 解　答

　　根據果農張辛勤與邦泰產物保險公司之間的地震險契約，果農張辛勤應在地震後的二十天內保持原狀，以便邦泰產物保險公司派員檢查果園毀損情況。但是由於南投縣政府告知如果不整理果園將會引起害蟲孳生，導致傳染病的發生，因此果農張辛勤並沒有將果園被破壞的狀況保持二十天，以供保險公司的專家檢查損害狀況。本案從形式上來看，果農張辛勤已經違約了，但從實質來看，果農張辛勤之所以未依契約行事，主要是因為南投縣政府告知，如果不整理果園將會引起害蟲孳生，導致傳染病的發生，此乃有關公共利益之事情，即使張辛勤違約，保險公司也不能免責，況且地震的發生是一項事實，未於二十天內保持原狀也不會擴大保險公司的責任，因此，本案保險公司應不能拒絕理賠，否則將構成違反公共利益之權利濫用。

案例五

張大華向李志偉租了一間房屋經營自助餐店，租賃契約約定租金為每月一萬元。幾個月以後，張大華認為租金太高，他每月只付給李志偉九千元，而李志偉也沒有提出異議。過了三年以後，李志偉要求張大華支付過去短缺的每月一千元租金總計三萬六千元（假設租金請求權的時效尚未屆滿）。試問：李志偉的請求能實現嗎？

⇨ 解 答

本案的關鍵為當事人之間是否以默示方式協議變更租金的金額。根據案例事實，本案中的當事人雙方並沒有這種默示協議存在。然而，李志偉可能會喪失剩餘租金請求權，其原因為李志偉的行為自相矛盾，即李志偉長達三年不主張契約約定之租金，足以讓張大華產生一種今後的租金將已改為九千元的信賴意識。如今忽然提起應支付過去所短缺的每月一千元租金，將使債務人張大華產生困境。按照誠實信用原則之理論，如果出租人一直及時請求支付剩餘租金，則債務人必然會相對的調整他的生活支出，對於這種突如其來的請求，極可能使債務人陷入經濟困境中，所以本案符合由誠實信用原則所發展出來的權利失效原則。

案例六

張雅惠是「邁阿勞」速食店的員工，根據他與「邁阿勞」速食店所簽訂的僱傭契約中之記載，由於衛生的因素，張雅惠必須穿著由雇主所提供的制服。但是，張雅惠穿上這套由雇主所提供的制服會導致皮膚過敏。因此，張雅惠自己買了一套不同材質，但外型差不多的衣服在工作時穿著。試問：雇主「邁阿勞」速食店可否以統一制服為由，堅持張雅惠必須穿著其所提供的衣服？

⇨ 解 答

　　根據民法第 483 條之 1 規定：「受僱人服勞務，其生命、身體、健康有受危害之虞者，僱用人應按其情形為必要之預防」。此條文之明文規定已足以認定雇主「邁阿勞」不能堅持張雅惠必須穿著其所提供的衣服，既然民法典中已有明文規定，法官於審判時，就不可再援引違反「誠實信用原則」之權利濫用，此乃不可向一般條款逃避之法理。

案例七

　　張志玲是一個富婆，因與丈夫陳華興個性不和乃協議離婚。協議離婚書約定，張志玲在陳華興再度結婚以前，每個月必須付給陳華興十萬元贍養費。幾年以後，張志玲得知陳華興與另外一名女子同居已長達二年，乃拒絕繼續支付贍養費。試問：陳華興可否繼續向張志玲請求每月十萬元之贍養費？

➡ 解　答

　　根據陳華興與張志玲的離婚協議，陳華興可向張志玲請求每月十萬元之贍養費，但這個協議中還附帶一個條件，即陳華興再度結婚以後，張志玲就不用再支付贍養費。上述所附條件是一個解除條件，本案中顯示，陳華興雖未再度結婚，陳華興當然可繼續向張志玲請求每月十萬元之贍養費，不過，陳華興與另外一名女子同居已長達二年，而兩年的同居生活關係，在某種程度上與結婚關係似無不同。陳華興的行為顯然是打算用同居的方式，使條件不能成就，以便可向張志玲請求每月十萬元之贍養費。根據民法第 101 條的規定，在這種情況之下視為條件已成就。所以，陳華興不可繼續向張志玲請求每月十萬元之贍養費。立法者之所以做出民法第 101 條的規定，旨在阻止一方從違背誠實信用原則的行為中獲取利益。本案既然可援用民法第 101 條的規定，就不必再適用違反誠實信用原則之權利濫用，以免又落入向一般條款逃避之法理。

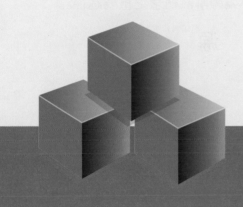

03

第三章

誠實信用原則

03 第一節 誠實信用原則的概念

研究一個問題，最基本的是要弄清楚被研究對象的基本概念。而概念必須建立在語詞之上，因為概念與語詞之間有不可分的關係。**研究誠信原則的概念當然也應從其語詞開始。**另外，由於人類之思想常藉由語詞表達出來，故學者們對於某一概念之論述亦為瞭解該概念之重要途徑。

一、語　源

(一) 中　文

「誠信」一詞在我國古代典籍早已有記載。據《新唐書‧刑法志》的記載，唐太宗於貞觀六年，「親錄囚徒，閔死罪者三百九十人，縱之還家，期以明年秋即刑。及期，囚皆詣朝堂，無後者。太宗嘉其誠信，悉原之」。❶這裡的「誠信」即誠實信用，指人際關係的誠實不欺。❷不過，上述「誠信」之用語純屬道德範疇，而非法律範疇。

(二) 外　文

由於誠實信用原則此一法律術語是個外來語，所以我們有必要研究外來語有關誠實信用的文字含義。一般認為，誠信一詞源自拉丁文 Bona Fides，考察拉丁文 Bona Fides 一詞，Fides 來自動詞 fieri，為「已經做成」之義，後來轉義為「信」的意思，對於「信」一詞，古羅馬法學家西塞羅將之解釋為「行其所言謂之信」(Fiat quod dictum est, appellatam fidem)，此語相當於中文中的「言必信，行必果」。Bona 一詞是「好」的意思，作為

---

❶ 熊海昌，《民法誠實信用之研究》，頁 2，對外經濟貿易大學碩士論文，2003 年。

❷ 趙萬一，《民法的倫理分析》，頁 143–144，五南圖書出版公司，2005 年 5 月初 1 版。

形容詞起強化 Fides 的作用。因此，Bona Fides 具有「良信」之義，但人們慣於將其翻譯為「誠信」。由此亦可得知，誠實信用原則不僅包括了「信」——言行一致，同時還包括了「良」——行為是好的、善意的。❸ Bona Fides 在法文中轉化為 Bonne Foi，在英文中轉化為 Good Faith，其中 Bonne 及 Good 與 Bona 同義，Foi 及 Faith 與 Fides 同義。因此拉丁文中的 Bona Fides 及作為同義詞的 Bonne Foi, Good Faith 均為「好的信用」、「良信」、「善意」之意，並在習慣上被翻譯為「誠信」。❹

不過，"Bona Fides" 的原始詞義有「信」而無「誠」。「誠」與「信」的合用即「誠信」一詞完整的符號表現來自於德語辭彙 "Treu und Glauben"，該詞來源於古代德國的誓約，取忠誠和相信之意。在古代德國，人們常常以 In Treu（於忠實、誠實）、Mit Treu（具忠實、誠實）、Bei Treu（依忠實、誠實）、或 Unter Treu（在忠實、誠實名義下）強制對方作出誓詞。後來為了求得更加可靠，在忠實、誠實之外加上 Glauben（信用）二字，而以「於忠實信用」為誓辭，起確保履行契約義務的作用。❺

二、學者的論述

(一) 我國學者

1. 蔡章麟教授

我國學者比較早有系統研究誠實信用原則的是蔡章麟教授，其認為誠實信用原則是以「善意及衡平為內容」，為「法律上的最高規範」，情事變更之原則、權利濫用禁止之原則、暴利禁止之原則、一般惡意抗辯之原則、禁反言之原則、不正競業禁止之法理等，都是受了誠信原則之支配，其並特別強調誠信原則是給法官的空白委任狀。❻

---

❸ 魏思奇，《合同附隨義務研究》，頁 21，東華政法大學碩士論文，2007 年。

❹ 魏思奇，《合同附隨義務研究》，頁 21。

❺ 魏思奇，《合同附隨義務研究》，頁 21。

2.何孝元教授

我國學者比較早期著有「誠信原則」專門巨著者當屬何孝元教授，其在談及誠實信用原則時說：「論其性質，一，含有『信』之因素，即相對人於其所信應不受欺，其正當之期待不應失望，權利人和義務人法律上相互連接，成為一體，一方應顧及他方之利益，並衡量他方之所應期待於此方者為何，此種信用之保護，在各種不同的法律關係，依其範圍，雖各有差別，然為不可或缺則一。二，含有『誠』之因素，誠者，成也。成己，成人，成物。成人，包括相對人及第三人之利益。成物，謂成其事物。故信用之利益，不獨當事人間之信用利益，即第三人或公眾之信用利益，亦在保護之列，因之，主張誠信原則對於公法及憲法亦應有其適用者，且主張誠信原則對於民事訴訟之舉證責任亦有其適用」。❼

3.史尚寬教授

史尚寬教授認為誠信原則在於特種利益的保護，含有「信」、「誠」與「交易習慣」的因素。史教授在其債法總論裡介紹外國（主要是德國）學者對於誠信原則概念的學說，使我國讀者對於十八世紀末至十九世紀初歐洲學者有關誠信原則的理論有歷史觀的認識，這些內容至今仍時常被引用。以下有關外國學者對於誠信原則之概念介紹，基本上也是參考史尚寬教授的著作。❽

4.王澤鑑教授

王澤鑑教授將誠信原則視為「帝王條款」，並為文批評最高法院適用誠信原則時態度保守，使誠信原則僅適用於債權領域，物權領域不能適用。

---

❻　蔡章麟，〈私法上誠實信用原則及其運用〉，頁844，收錄於《民法總則論文選集》，五南圖書出版公司，1984 年 7 月初版。

❼　何孝元，《誠實信用原則與衡平法》，頁 15，三民書局，1977 年版。

❽　史尚寬，《債法總論》，頁 319，自刊，1972 年 3 月臺北 2 刷。

或許是因為此一批評受到關注，誠信原則乃於民國 71 年民法總則修正時，自民法債編之第 219 條遷移至民法總則第 148 條第 2 項，使我國誠實信用原則的適用能擴大到整部民法。❾

5. 楊仁壽大法官

楊仁壽大法官從法理學的角度指出誠信原則是以道德為基礎的民法一般（概括）條款，並強調「惟其並非道德，而是將道德法律技術化」。當誠信原則於民國 71 年從民法債編遷移至民法總則第 148 條第 2 項時，楊仁壽大法官稱之為繼瑞士、日本之後世界最新之立法例。❿

6. 林誠二教授

林誠二教授根據日本之學說特別強調誠信原則與權利濫用之關係，並強調兩者之機能，如法具體化機能、正義衡平機能、法修正機能與法創設機能。⓫

此外，還有年輕的學者如黃立教授，姚志明教授進一步的根據德國的判例與學說，介紹誠信原則此一議題在德國的較新發展。⓬

(二) 中國大陸學者

中國大陸學界最近十年來有許多關於「誠實信用原則」的文獻出爐，經由研究各國有關誠信原則之理論後，關於誠信原則之理論，大陸學者歸納出四種概念：第一，「語義說」。認為誠信原則是對民事活動的參加者不進行任何欺詐、恪守信用的要求。第二，「一般條款說」。認為誠信原則是

---

❾ 王澤鑑，〈誠信原則僅適用於債之關係?〉，頁 329，收錄於《民法學說與判例研究(一)》，1983 年 4 月 7 版。

❿ 楊仁壽，《法學方法論》，頁 171，二民書局總經銷，1994 年 1 月版。

⓫ 林誠二，〈論誠實信用原則與權利濫用禁止原則之機能〉，頁 9–10，收錄於《民法理論與問題研究》，1991 年 7 月初版。

⓬ 黃立，《民法總則》，頁 483 以下，元照出版公司，1999 年 10 月 2 版 1 刷。姚志明，《誠信原則與附隨義務之研究》，頁 39 以下。

外延不十分確定，但具有強制性效力的一般條款。❸ 第三，「雙重功能說」。主張誠信原則由於將道德規範與法律規範合為一體，兼有法律調節和道德調節的雙重功能，使法律條文具有極大的彈性，法院因而享有較大的裁量權，能夠據以排除當事人的意思自治，而直接調整當事人之間的權利義務關係。❹ 第四，「利益平衡說」。主張誠信原則就是要求民事主體在民事活動中維持雙方的利益平衡，以及當事人利益與社會利益平衡的立法者意志。❺ 特別值得一提的是，徐國棟教授於西元 2001 年又提出所謂的「客觀誠信與主觀誠信」之理論，將誠信分成「主觀誠信」與「客觀誠信」，「主觀誠信」與「客觀誠信」原本統一於客觀誠信，但在羅馬法的發展演變中，「主觀誠信」從「客觀誠信」中脫離出來，成為一項獨立的原則。徐教授認為，繼受羅馬法傳統的德國民法以及繼受德國法的大陸法系國家在誠信原則的理解及立法上都取消了「主觀誠信」，而以「善意」代之，僅將「客觀誠信」保留下來。徐教授試圖以「社會契約論」中的保護契約為基礎，將債權法上的「客觀誠信」與物權法上的「主觀誠信」統一起來，最終實現兩種利益平衡的立法者意志。❻ 所以在中國大陸有關於誠實信用原則之理論又出現第五種學說，稱為「兩種誠信說」。

(三) 外國學者

近一、二百年來對於誠實信用原則研究最積極者當屬德國學者，故其對誠實信用原則之解釋非常值得作為借鏡。史尚寬教授與胡長清教授曾舉出幾位德國學者對誠實信用原則之解釋。史坦姆萊 (Stammler) 從主觀的立場對誠實信用原則做出解釋，謂法律應以社會的理想為標準，而社會的理

---

❸ 張新寶，《民事活動基本原則》，頁 26，法律出版社，1986 年版。

❹ 梁慧星，《民法解釋學》，頁 305。

❺ 徐國棟，《民法基本原則解釋》，頁 26，中國政法大學出版社，1992 年版、2004 年 9 月增刪版。劉洪文，《誠實信用原則在我國民事訴訟法中的確立》，頁 6，南京師範大學碩士論文，2002 年。

❻ 徐國棟，《民法基本原則解釋》，頁 65–71。

想就是「己所不欲，勿施於人」，這是一種以「愛人如己」的社會最高理想為標準，誠信原則即須依此理想為判斷。鄧伯格 (Denburg) 則從客觀的立場看待誠信原則，謂在交易中無悖於一般交易之道德基礎，**誠信是人人可期待的道德基礎**。希賴德 (Schneider) 認為誠信原則就是從利益平衡的角度去分析法律關係。胡長清教授認為，前兩者之論點失之空泛，應以利益平衡說為是，即誠實信用原則是指斟酌各種特別情事，比較當事人雙方之對立的利益之中道。**❶**

03 第二節 誠實信用原則的歷史發展

一、起源——羅馬經濟的繁榮

一般認為誠實信用原則起源於古羅馬法，從相關的歷史文獻之記載可知，「誠信契約」與「誠信訴訟」伴隨著羅馬經濟的繁榮而逐步興起，造成「誠信」(Bona Fides) 此一法律術語被廣為使用。在羅馬法裡，契約分為誠信契約和嚴正契約兩種類型。誠信契約是嚴正契約的對稱，在嚴正契約中，債務人只須嚴格依照契約的規定履行義務，凡契約未規定的事項，債務人不需要履行，對契約的解釋，只能以契約所載文字含義為準。與此相反，在誠信契約中，**債務人不僅要承擔契約規定的義務，而且必須承擔誠實、善意的補充義務**。如契約所未規定的事項，照通常人看法應由債務人履行時，債務人應當履行。對於嚴正契約發生的糾紛，按嚴正訴訟的程式處理。在嚴正訴訟中，承審官無自由裁量權，只能嚴格依照契約條款對案件進行裁判。就誠信契約發生糾紛，按誠信訴訟程式處理。由此可見，誠信契約不僅要求當事人承擔善意、誠實的補充義務，而且承審官還可根據公平正義原則對契約內容進行干預，以消除某些約定的不公正。**❸**

---

❶ 胡長清，《中國民法債編總論》，頁 271，臺灣商務印書館，57 年 6 月臺 2 版。

❸ 吳獻金，《誠實信用原則源流變》，頁 18，西南政法大學碩士論文，2005 年。

二、衰退──個人本位與「概念法學」的興起

　　隨著古羅馬文明的滅亡，迎接而來的是長達十幾世紀的中世紀。中世紀的法學家們通過對羅馬法、日耳曼法、教會法和商人法的深刻研究，完成羅馬法中誠實信用原則此一制度的實體法化，從而使誠實信用理論更加接近現代民法誠實信用原則理論。法國大革命後，誠實信用原則於西元1804 年被《法國民法典》規定於第 1134 條，《法國民法典》第 1134 條規定：「契約應以善意履行」。此處的善意即為「誠實信用」。但因當時權利絕對觀念的盛行，誠實信用原則變成只能作為點綴品而存在，使誠實信用原則走向衰弱一途。誠實信用原則的衰弱與近代西方個人主義法律觀興起有關，在這一時期，格老秀斯、洛克、孟德斯鳩和盧梭等人提出法律應當承認和保障人的價值是至高無上的，從此個人本位開始興起。尤其在法國大革命後，隨著自由資本主義的興起，新興的資產階級強烈呼喚契約自由原則，要求在經濟上實行自由放任主義；其次，在反對中世紀封建專橫中奪取政權的各國資產階級受理性主義法律思潮的驅動，更因為對中世紀的司法專橫心有餘悸，他們都不約而同地依照法律實證主義思想倡導「概念法學」，認為法典是萬能的，只要創制了一部龐大的民法典，並嚴格限制法官在法條外適用法律，整個國家社會就可以順暢的運作。在這種思維之下，法官只不過係一「法匠」而已，誠實信用原則這種「授權條款」自然被嚴格限制。❶⑨

三、復興──自由法運動造成從個人本位轉變到社會本位

　　二十世紀初到今天這個階段，可稱之為誠實信用原則的復興時期。在這一時期，誠實信用原則不僅復興了其在羅馬法時期的輝煌，而且較之更

---

⑲　林榮龍，《誠實信用原則在民法解釋學上功能之探討》，頁 15–16，中國文化大學碩士論文，1992 年。

為繁榮興盛。誠實信用原則得以復興，並被世界各國民法確立為基本原則，並不是歷史偶然的選擇，而是法學思維因應社會變遷的必然結果。十九世紀後期，自由資本主義階段的民法個人本位原則逐漸不適應經濟社會發展的需要，此時以「社會法學」為基礎的民法理論逐漸受到重視；相反的，前述之「概念法學」則逐漸的被揚棄。

法國社會學家孔德將哲學上實證主義引入法學，認為社會利益應高於個人利益，強調個人義務和社會責任，限制個人權利的絕對化和意志自由。另一方面，德國法學家耶林開始倡導「目的法學」，對「概念法學」提出激烈的批評，強調法律是社會的產物，法律的解釋適用必須配合實際的社會生活，法官不應該只是機械化的適用法律，因為法的體系不可能極為完整而無缺陷，為了形成能適應社會的「活法」，必須授與法官自由裁量權，使能達到「實質」而非「形式」的公平正義。耶林所倡導的這項運動得到許多著名法學家的追隨，後世稱之為「自由法運動」。❷⓿二十世紀的民事立法因受到上述法學思維的影響，此時法律思維開始從「個人本位」轉變到「社會本位」。契約自由得到了國家強而有力的干預，於是產生如先契約義務的概念、限制壟斷、禁止欺詐和暴利等等制度。契約絕對自由因此受到擠壓和限制，這一轉變使誠信原則在協調當事人利益和社會利益方面的作用得到了強化，此時嚴格規則主義走向了嚴格規則與自由裁量相結合。

在隨後的立法方面，首先是西元 1900 年《德國民法典》於第 242 條（債篇中）規定：「債務人依誠實和信用的原則，並參照交易的習慣，履行給付義務」。接著西元 1907 年的《瑞士民法典》（總則篇中）對誠實信用原則之復興進一步強化，該法第 1 條第 2 項規定：「法律所未規定者，依習慣法；無習慣法時，法院應尊重立法者所擬制之原則，予以裁判」。第 3 項規定：「於此情形，法院務須恪遵應依據穩妥之學說與判例」。該法第 4 條進一步規定：「法律指示法院得依職權衡量或依情形判斷或基於重大事由為裁判者，法院應依公平及正義為之」。由此可見，《瑞士民法典》明確地賦予了法官自由裁量權，並規定了法官行使自由裁量權的基本原則以作為裁判之

❷⓿　楊仁壽，《法學方法論》，頁 77–79。

標準，甚至承認法官的立法權。此規定一反之前《法國民法典》對法官依誠實信用原則判案的限制，明確授權法官運用其依據自由心證所導出的所有公平及正義的準則去行使自由裁量權。作為補充和對誠實信用原則的進一步確認，瑞士民法第 2 條第 2 項規定：「行使權利，履行義務，應依誠實及信用而為之」。《瑞士民法典》的規定，不僅代表著誠實信用原則的復興，而且標誌著現代意義的誠實信用原則的確立。自此，**誠實信用原則被提升到基本原則的地位；它不僅是義務履行的原則，也是權利行使的原則；它不僅適用於債法領域，而且成為君臨整個民法領域的「帝王條款」**。自《瑞士民法典》對誠實信用原則做出明確規定之後，世界上的其他國家也開始重視道德規範的調節功能，誠實信用原則便走上了復興的道路，至今仍在發展當中。例如我國民國 18 年的民法典第 219 條規定：「行使債權，履行債務，應依誠實信用之方法」。日本在第二次世界大戰後，於民法典中也規定了誠實信用原則。**中國大陸於 80 年代制定民法通則**，反應改革開放和發展社會主義市場經濟的要求，並參考市場經濟發達的國家和我國的經驗，**將誠實信用原則確立為民法之基本原則**，其適用範圍及於整個民事領域，凡一切民事主體，從事一切民事活動，均應遵循。**㉑**

　　從誠實信用原則的復興歷史可以看出，自由法運動造成民法的基本思維從個人本位轉變到社會本位，如果說私法自治曾經代表了個人本位的民法思潮，那麼，誠信原則則側重表現了民法的社會本位傾向。沒有個人就沒有社會，個人本位的突出，是為了更好更多地體現個人的權利，社會本位的強調是為了社會的和諧。一個社會要有序的良好運轉，必然要兼顧社會與個人兩方面，因此，不能武斷的宣稱：今日的民法是社會本位的民法。**㉒**

㉑　梁慧星，《民法解釋學》，頁 302。

㉒　刁勝先，〈誠信原則的本質探討及在我國民法中的地位〉，頁 60–79，收錄於《重慶郵電學院學報》（社會科學版）第 2 期，2002 年。

第三節　誠實信用原則的本質特徵

如前所述，誠實信用原則在復興的過程中已被選擇成為一項追求實質公平正義的條款，這個條款到底為何雀屏中選？除了一般人民以外，法官更是必須瞭解他手上所握的這個「器具」到底具有何本質特徵，才能發揮它最大的效用。因此對於誠信原則的本質特徵的瞭解便極為重要。**誠實信用原則具有道德法律化的特徵，而其所包含的道德主要是指善意、公平、正義。由於善意、公平與正義具有涵蓋面極廣的抽象性，可借其補充法律具體規定的不足，並發揮利益平衡的功能。**

一、誠信道德的法律化

(一) 道德與法律的區別

道德與法律的關係，在歷史的發展過程中，有時候混合在一起，有時候是分裂的。**[23]道德側重於自我約束，是行為主體「應當」的選擇，依靠人們的內心信念、傳統習慣和社會輿論發揮其作用和功能，不具有國家強制力；而法律則側重於國家之強制力**，是一種「必須」，是國家制定和頒布、用以調整、約束和規範人們的行為的權威性規則。

市場經濟越是發達，人們之間交易的地位就越容易居於不平等的地位，不符合公平正義的事件就會增多。性善論者認為，人的良心是趨向於良善的道德，但是性惡論者認為，人心的另一面經常為利益或邪惡所誘惑，雖然外界社會對個人的誠信道德觀念會有極大的影響，但所能引起的作用相當有限，因為外界輿論對個人不誠信行為的批判，如果不能引起其內心的羞恥與不安，從而外在的影響行動，則道德誠信的作用是非常有限的。[24]

---

[23]　何孝元，《誠實信用原則與衡平法》，頁 29。

[24]　李昕，《法律倫理學視野中的民法誠信原則》，頁 16，南京理工大學碩士論文，

尤其因為道德是「自律」而非「他律」，因此人的道德是靠不住的。不過，當道德成為法律時，人們就有遵守的義務，原來「自律」的道德就變成「他律」的法律；亦即，當道德被法律所強制要求遵守時，其已經失去了道德的自律性特徵。為了維護人類的社會生活秩序，道德就逐漸地進入法律，特別是那些公認的商業道德進入法律規則成為一種必然，道德豐富了法的內涵和精神，又使得道德具有了某種程度上的法律約束力和強制性。由於道德另一面的體現就是公平、正義，**道德與法不斷的滲透和融合使得公平、正義的形態經歷了從道德正義到法律正義的過渡歷程。**❷⑤

(二) 誠信道德的法律化

道德對人類自私之欲望有抑制與引導的作用，而在商品經濟中，誠信道德扮演非常重要的角色，因此，誠信道德應成為法律。❷⑥道德的內容非常的多，例如博愛、憐憫、同情等等都是，為何要選上「誠信」進入法律中？比較適當的答案可能是：**誠信是最基本的道德，人們不應該把最高尚的道德放到法律裡面，因為那會強人所難，而且，泛道德化的結果可能就變成沒有道德可言。**

學者認為，在談道德問題法律化時必須先將道德予以分類，道德分為兩個種類：一類為最基本的道德，另一類為非基本的道德。而誠信原則就是一種最基本的道德，因為我們很難想像一個社會中沒有誠信的後果，西方發達國家的發展實踐證明：一個社會的市場經濟越是發展，其對誠信的要求也越大。在一定意義上說誠信原則乃是市場經濟得以健康運行的基石。誠信最初表現為市場經濟中的道德準則，由於它對社會經濟生活的「基本的」和「必要的」作用而轉化為法律規則，以法律的強制力表明社會對該項道德的關注與基本需求。隨著社會的發展和誠信道德水準的提高和變化，

2005 年。

❷⑤ 徐剛，〈論誠實信用原則的衡平品質〉，頁 37，收錄於《時代經貿》，2007 年 5 月。

❷⑥ 趙偉，《誠實信用原則研究——以合同法為基礎》，頁 28，山東大學碩士論文，2006 年。

經過合法性、權威性、程序性和技術性的形式要件，誠信的道德要求的內容即源源不斷地匯入法律誠信原則的實體內容當中去。

二、誠實信用原則與民法上的善意、惡意

「善意」一詞在民法典中經常被使用，「善意」一詞有兩種含義，第一種含義是指行為人動機純正，沒有損人利己的不法或不當目的的主觀態度，此為主觀性的善意；第二種含義是指行為人在為民事行為時不知存在某種足以影響該行為法律效力的因素，此為客觀性的善意。**㉗** 如前所述，誠實信用原則是在羅馬法中就已有的制度，**羅馬法中之「誠信」所使用之拉丁字為 "Bona Fides"，該字的涵義具有善意的意思，**亦即善意的拉丁語亦使用 "Bona Fides" 一詞，此種現象可從西元 1804 年法國的民法典得到證據，**㉘** 該法第 1134 條第 3 項之規定，許多中文翻譯都翻成：前項契約應以善意履行之。有學者認為，從表面看，誠信與善意是兩個不同的概念，但實質上二者是一致的。例如，**在物權法中的主觀誠信通常用善意來表達。善意的相反詞就是惡意，既然善意的行為就是遵行誠實信用原則；反之，惡意的行為就是違反誠實信用原則。**除了惡意的行為會違反誠信原則以外，通常虛偽的行為、詐欺的行為、趁人之危的行為都不是善意而是惡意的行為，而且通常都會產生不公平的結果，法律既然主要目的是講求公平正義，因此立法者對於這些具惡意的行為必然均給予負面的評價，使其得出無效的法律效果或者得出對相對人有利的效果。從以上論述可知，**誠信不僅是指外在的行為，還應包括內心的善意。㉙**

另外，從物權法的角度也可得出誠實信用原則與善意相通的意思，因

㉗ 王冬梅，〈論善意取得制度中的善意標準〉，頁 81，收錄於《華東交通大學學報》，2003 年 6 月。

㉘ 以法國民法為證，是因為法國語屬拉丁語系，法國民法第 1134 條的善意是用 "Bonne Foi" 一詞，與 "Bona Fides" 一詞極為相似。

㉙ 魏思奇，《合同附隨義務研究》，頁 21。但有學者認為誠信原則並不包括「高尚的道德善意」，參見刁勝先，〈誠信原則的本質探討及在我國民法中的地位〉，頁 59。

為物權法裡有善意取得制度，在這個制度之下，惡意將不能享有權利。有學者認為物權法的善意取得制度也是從誠實信用原則而來，民法上通常用的「善意」就是所謂的「主觀的誠信」。誠實信用原則可分為「主觀的誠信」與「客觀的誠信」，在債權法稱之為「客觀誠信」，而在物權法稱之為「主觀的誠信」。❸⓪

從我國現行民法的規定也可得出誠實信用原則與善意、惡意有密切的關係。我國民法第 245 條之 1 規定：「契約未成立時，當事人為準備或商議訂立契約而有左列情形之一者，對於非因過失而信契約能成立致受損害之他方當事人，負賠償責任：

㈠就訂約有重要關係之事項，**對他方之詢問，「惡意」隱匿或為不實之說明者。**

㈡知悉或持有他方之秘密，經他方明示應予保密，而因故意或重大過失洩漏之者。

㈢其他顯然違反誠實及信用方法者」。

此條文為由學說判例所衍生出來的「締約過失責任」，其立論基礎為誠實信用原則已是公認的事實，我國民法第 245 條之 1 第 1 項**雖然沒有直接提到誠實信用原則，但卻以「惡意」隱含了違反誠實信用中的一種具體含義。**

自羅馬法以來，誠實信用原則與禁止權利濫用原則兩原則早已並存❸①，近百年來，學術論著一直在區別兩者之關係，其主要原因是兩者極為近似，但是否百分之百相同，則有不同之見解。誠實信用原則與禁止權利濫用原則**兩原則的主要近似之處就在於它們都必須處理「善意、惡意」問題，**權利是否被濫用之論述經常被提及的條文是德國民法第 226 條，該條文的主要涵義為，行使權利時，不能專以損害他人為目的。試問：是否有專以損害他人為目的而不具有惡意的？德國文獻論及此一條文時大都會用 Schikane 此一單字，翻開字典所查到該字的意思是：刁難。試問：是否有

---

❸⓪　徐世芳，《民法誠實信用原則與和諧社會》，頁 10，黑龍江大學碩士論文，2007 年。

❸①　以我國為例，禁止權利濫用原則與誠實信用原則並列於民法第 148 條之第 1 項與第 2 項。

不具惡意的「刁難」？既然禁止權利濫用原則源自於誠實信用原則，而權利之行使是否有濫用又經常必須判斷是否有惡意，可見誠實信用原則與善意、惡意有密切的關係。其實，誠實信用原則反映了和諧社會的發展，並維護了和諧社會穩定的基礎，而其核心價值與善意密不可分。 ❸❷

三、誠實信用原則與公平正義理念

雖然有人認為，絕對的公平是不存在的，但是，現代社會關係的本質和對法律仍然為對公平正義的追求，其主要原因是不存在公平，即不存在真正的自由。 ❸❸林大洋法官曾言：「誠信原則是公平正義的象徵」。 ❸❹如上所述，於十九世紀末進入社會本位主義之後，誠實信用原則已得到了復興，誠信原則因具有平衡利益的功能，乃逐漸與公平正義有同等的價值內涵。因此，有學者對誠實信用原則與公平有如下的描述：誠實信用原則，是市場經濟活動中形成的道德規則，旨在謀求利益之公平，而所謂公平亦即市場交易中的道德。 ❸❺這種對公平要求的立法例也呈現在我國的民法中，民法第 74 條第 1 項規定，法律行為，係乘他人之急迫、輕率或無經驗，使其為財產上之給付或為給付之約定，依當時情形顯失公平者，法院得因利害關係人之聲請，撤銷其法律行為或減輕其給付。何孝元教授將此一條文之規定稱為「暴利行為之取締」，違反誠實信用原則。 ❸❻民法第 227 條之 2 第 1 項規定，契約成立後，情事變更，非當時所得預料，而依其原有效果顯失公平者，當事人得聲請法院增、減其給付或變更其他原有之效果。此條文為由學說判例所衍生出來的情事變更原則，其立論基礎為誠實信用原則也是公認的事實，我國民法第 227 條之 2 第 1 項雖然沒有直接提到誠實信

---

❸❷ 徐世芳，《民法誠實信用原則與和諧社會》，頁 33。

❸❸ 李斌，《有關合同法中顯失公平規則的探討》，頁 14，對外經濟貿易大學碩士論文，2000 年。

❸❹ 林大洋，《民法概要》，頁 108，大偉書局，1998 年 9 月修訂 11 版。

❸❺ 梁慧星，《民法解釋學》，頁 300。

❸❻ 何孝元，《誠實信用原則與衡平法》，頁 87。

用原則，但卻以「顯失公平」隱含了誠實信用的意思。另外，我國於 1994 年 1 月 11 日公布的消費者保護法，該法律對定型化契約的規範也提到誠信原則與公平的關係。另一個較新的例子是 1999 年 4 月 21 日修正民法債編時，其中增訂民法第 247 條之 1，就定型化契約之效力有原則性的規定，該條文中之「顯失公平」與誠實信用原則有密切之關係。我國民法第 247 之 1 條規定，依照當事人一方預定用於同類契約之條款而訂定之契約，為左列各款之約定，**按其情形顯失公平者，該部分約定無效:**

　　㈠免除或減輕預定契約條款之當事人之責任者。

　　㈡加重他方當事人之責任者。

　　㈢使他方當事人拋棄權利或限制其行使權利者。

　　㈣其他於他方當事人有重大不利益者。

　　此條文也是由學說判例所衍生出來的禁止濫用定型化契約的規定，其立論基礎為誠實信用原則也是公認的事實，我國民法第 247 條之 1 第 1 項雖然沒有直接提到誠實信用原則，但卻同樣的以「顯失公平」隱含了誠實信用的意思。

　　不僅在民法中有以「顯失公平」來彰顯誠實信用原則的立法例，在公平交易法中也有用「顯失公平」隱含誠信原則，公平交易法第 24 條規定，除本法另有規定者外，事業亦不得為其他足以影響交易秩序之欺罔或顯失公平之行為。本條的「顯失公平」也寓有在從事競爭時不得違反誠實信用原則之含義。

　　既然誠實信用原則可促進公平的理想之達成，因此，法官運用誠實信用原則行使自由裁量權時，必須考慮到公平正義的問題，如此誠實信用原則才能發揮平衡各方利益的功能。史尚寬教授亦從正義衡平的角度看待誠信原則 (Treu und Glauben)，其謂誠信原則係指一切法律關係，應各就其具體的情形，依正義衡平的理念加以調整而求其具體的社會妥當。❸❼

　　大陸學者梁慧星教授亦從公平的角度看待誠實信用原則，其謂誠信原則追求公平合理的利益結果，即當事人通過民事活動所應當追求和達到的

---

❸❼　史尚寬，《債法總論》，頁 320。

利益平衡狀態。這種利益平衡包括：⑴當事人之間利益的平衡，當事人不得從其他當事人的損失中獲益，也不得從欺詐行為中獲益，交易的結果應當是符合公平正義的互利結果；⑵當事人與社會利益之間的平衡，當事人利益的獲得應當以促進社會利益為價值評判標準，以不損害社會利益為最低要求，不得以犧牲社會利益為條件。❸❽有學者認為，誠實信用原則作為一項行為規範，只從主觀心理狀態方面對人的行為提出要求；而公平原則作為調節人與人之間利益關係的規則，既從主觀心理狀態方面對人在利益取捨問題上應持的態度提出要求，同時又在客觀上為協調人與人之間的利益關係提供一個尺度。既然公平原則有主客觀兩層含義，而誠信原則明顯可以涵蓋其第一層含義，而且二者所追求的最終價值目標又是並行不悖的，所以誠實信用原則的內容可以而且應該包含公平合理的元素。❸❾

四、誠實信用原則與利益衡量

前已論及，誠實信用為市場經濟活動的道德準則，為道德準則的法律化。因此，誠實信用原則的本質是建立在道德的基礎上。基於這種道德本質所表現出來的特徵使誠信原則具有補充性（非規範性）、不確定性（模糊性）、衡平性三大特點。**誠信原則之所以具有補充性、不確定性、衡平性，正是由於誠信原則思想淵源於自然法的善意與公平的理念**，也就是說誠信原則是道德的法律化。正是基於此，誠信原則才可以從善良與公平的角度補充當事人法律關係中未加規定的細節問題，而公平的實現有賴於平衡，但同時善良和公平本身就是不確定的法律概念。然而這種不確定性有可能會帶來一種不安全性，因此需要通過法律的技術手段來有效的規制其在個案中具體含義。而這種法律的技術手段是法學家們一直努力的目標，歷史上已出現非常多的法律學派做出努力，當中又以「利益衡量理論」對於誠實信用的不確定性與不安全性能達到最為有效的制約。

---

❸❽ 梁慧星，《民法解釋學》，頁 303–304。

❸❾ 陽朝峰、夏勝威，〈試論誠實信用原則的價值取向〉，頁 77–78，收錄於《長沙航空職業技術學院學報》，2003 年 9 月。

如上所述，誠實信用原則可以達到追求公平的目的，尤其當某些疑難案件在形式上公平，但實質上顯失公平的時候，法官就需要運用誠實信用原則來作利益衡量。我國有學者在研究誠信原則與利益衡量理論後得到一個結論：「其（誠信原則）性質確與利益衡量有異曲同工之處」。**40** 也有學者稱誠信原則為「互利合作的利益調節器」。**41**

利益衡量理論是在自由法運動後，由利益法學派所喊出的口號，其是在與概念法學相對立的情形下發展出來的，其價值所在在於「歸結為定分止爭的妥當的基準」，其代表人物為德國的赫克 (Philip Heck)。彼等認為，法律的實際作用比法律的抽象內容更為重要，因此法官於用法之際，應自命為立法者之「思想助手」，不僅應尊重法條之文字，亦應兼顧立法者之意旨。對立法疏未慮及之處，應運用其智慧，自動審查各種利益，加以衡量。根據上述利益衡量理論的觀點在誠實信用原則之應用，得出誠實信用原則應該涉及兩個利益關係：即當事人之間的利益關係和當事人與社會之間的利益關係。而誠實信用原則的宗旨在於實現這兩種關係的平衡。**42**

03 第四節　誠實信用原則的地位

誠信原則被多數學者稱為「帝王條款」，可見其地位之崇高，其何以被稱為「帝王條款」與其在民法中的地位有關。誠實信用原則在民法中的地位是伴隨著其適用範圍的擴大和功能作用的提高而逐步確定起來的。**43** 當誠實信用原則的適用範圍擴大到民法的各個領域時，其同時取得民法基本原則的地位。

40　林榮龍，《誠實信用原則在民法解釋學上功能之探討》，頁 174。

41　刁勝先，〈誠信原則的本質探討及在我國民法中的地位〉，頁 59。

42　陽朝峰、夏勝威，〈試論誠實信用原則的價值取向〉，頁 79。

43　李茂軍，〈論民商法誠信原則之法理特徵〉，頁 31，收錄於《陝西青年幹部學院學報》第 2 期，2003 年。

一、民法的基本原則

　　誠實信用原則這個詞本身就已說明它是一個原則而且經常被稱為基本原則，但究竟何謂基本原則？民法中有許多原則，哪些原則才是基本原則？民法的原則理論經常被提到的原則有私法自治原則、所有權絕對原則與過失責任原則。❹原則作為民法的共同價值觀，在許多國家的民法典中都做了規定。《法國民法典》是公認的第一部有巨大影響的近代民法典。其第 8 條規定：「一切法國人均享有民事權利」。即是宣告一切法國人都享有平等的民事地位，這一條文使得在封建階級制度下被壓迫、被奴役的人民得到解放。從此之後，這一條文已成為大多數國家民法的最根本的原則。在我國亦不例外，我國民法第 6 條規定：「人之權利能力，始於出生，終於死亡」。此一規定即承認每個人都有平等權。除此以外，近代民法中財產法的基礎，即所有權絕對和契約自由，也是在《法國民法典》奠下基礎。《法國民法典》第 537 條第 1 項規定：「除法律規定的限制外，個人得自由處分屬其所有的財產」。第 545 條規定：「任何人不得被強制轉讓其所有權，但因公用並在事前受公正的補償時，不在此限」。此二條文一方面表達了對所有權絕對的尊重，另一方面表達了所有權也應受到限制。我國民法第 765 條規定：「所有人，於法令限制範圍內，得自由使用、收益、處分其所有物，並排除他人之干涉」。此一規定相當程度反映出所有權絕對原則。即是一方面對於所有權絕對原則之肯定，另一方面也對所有權有所限制。《法國民法典》第 1119 條規定：「任何人原則上僅得為自己承擔義務，並以自己名義訂立契約」。第 1134 條第 1 項規定：「依法訂立的契約，對於締約當事人雙方具有相當於法律的效力」。以上這些條文之規定確立了契約自由原則。我國民法第 153 條第 1 項規定：「當事人意思表示一致者，無論其為明示或默示，契約即為成立」。此一條文顯示出締結契約之自由。《法國民法典》之所以能在歷史上有一定的地位，並成為後世制訂民法典時作為基礎使用的法典，大半要歸功於提出私法的重要原則。

---

❹　洪遜欣，《中國民法總則》，頁 14。

《德國民法典》與《法國民法典》一樣，也以私法自治原則、所有權絕對原則為基本原則。私法自治原則得到遵奉的明證是《德國民法典》中規定契約當事人形式上的平等。如其第305條就規定需有當事人之間的契約才能成立或變更債的關係。其第903條、第905條等條文則是所有權絕對原則貫穿《德國民法典》的物權編的證據。

私法自治、所有權的絕對化與過失責任主義等三項原則，共同構成了近代民法的基本原則。但是，隨著資本主義的高度發展，過分強調尊重個人意志，造成壟斷企業對社會的支配、貧富懸殊及社會對立等問題。因此，對於三大原則的反省和批判也日益強烈。時至今日，法律思想已由個人本位進入社會本位。從以前極端重視個人自由，變成以社會公共利益為前提。其中的**私法自治原則亦修正為對契約自由之限制。由於契約自由之實現，必須人人於經濟上皆立於平等地位而後始有可能，否則社會地位低下的、經濟地位的弱者，在契約自由的美名下，將為社會地位優越者與經濟上的強者所壓迫。**對於契約自由的限制一方面可藉由公法加以監督；另一方面可藉由扶植經濟上的弱者使之團結，以謀集體自衛的方法。所有權絕對原則亦已修正為所有權社會化，即認為私有財產制度，是將社會物資信託於個人，其目的在使其利用，而不在使其所有。故所有權之行使與否，均須以社會全體利益為前提。因而其行使與否，無絕對之自由。**無論是對於契約自由的限制或對所有權絕對的限制，誠實信用原則扮演極重要的角色。**

(一) 民法為何需要基本原則？

法律基本原則的意義，就是法律所反映的基本價值精神。民法裡的原則有些僅是在債權法、物權法、親屬法或繼承法當中針對各該部門才能適用的原則，這些原則當然不能被稱為民法的基本原則。**民法的基本原則應該是指該原則的效力能貫穿民法始終，並能反映民法的基本價值和精神，以及對各項民法制度和民法規範起統帥和指導作用，是民事立法、執法、守法及研究民法的總的指導原則。**❹既然民法的基本原則已如上述的私法

---

❹　孫憲忠，《民法總論》，頁47，社會科學文獻出版社，2004年11月版。

自治原則、所有權絕對原則，則誠實信用原則還能列入民法的基本原則嗎？有關這個問題的回答，是必須看民法為何需要基本原則及民法基本原則的種類以及它的特性所能發揮的作用。

對於民法為何需要基本原則這個問題的回答，其中一部分的答案已如上述的「反映民法的基本價值與精神」，另外一部分的答案是「民法的不完善特性」。「民法的不完善特性」表示民法是有缺陷的，這種缺陷主要表現在民法對於人民生活的法律關係有些根本沒有規定，或規定得不周詳，或甚至規定得互相矛盾而形成法律漏洞。因為「民法的不完善特性」而產生法律漏洞時，則應依法律規定以為補充，然而上述民法之原則對於「民法的不完善特性」似乎無能為力，在這種情況之下，正如胡長清教授所言「社會生活複雜萬端，法律規定有時而窮，自不能不有一至當之標準以為審判官判定之準則，此標準為何，即所謂誠實信用原則」。**❹⁶**

根據以上進一步的答案，則對於民法基本原則的定義應該加上「且得以克服其偏限性」才顯得周延。**❹⁷** 民法如果真有偏限性的問題，而誠實信用原則如果真能克服其偏限性，則誠實信用原則應該就能成為民法的基本原則。

1.民法的滯後性與偏限性

民法和任何其他法律一樣，都具有滯後性。所謂民法滯後性，是指由於民事關係具有複雜性、廣泛性和活躍性，隨著社會生活的發展，新的民事關係會不斷湧現，而民法總是會落後於社會關係的發展，這就決定了法律規定難以涵蓋各種人民的法律關係。所謂民法的偏限性，是指即使已知道法律的不完善的問題，但是因種種原因的限制（例如立法能力），使得民法的不完善性無法得到改善。由於各國民法中都不可能對各種人民的法律關係都一一作出規定，如果不在立法上做出處理，時間漸漸推移之後，民法沒有明文規定的民事關係將大量存在，並且這些都是與社會經濟或人民

---

❹⁶　胡長清，《中國民法債編總論》，頁271，社會科學文獻出版社，2004年11月版。

❹⁷　李茂軍，〈論民商法誠信原則之法理特徵〉，頁30。

生活密切相關的，法律又不能不處理這些紛爭，這就客觀地要求民法對社會經濟生活中法律沒有明文規定的民事關係進行處理。在這種有「法律漏洞」的情況下，又何以來斷別當事人的行為，如何解決當事人之間的糾紛？何以作出判決呢？在這種情況下，這就要靠民法的基本原則，因為在沒有法律規範的情況下，只有民法的基本原則才是評價和判斷當事人行為的準則，有關規定民法的基本原則的法律條文因此成為可以作為司法裁判的法律依據。⑱

2. 誠實信用原則作為民法的基本原則可以彌補法律漏洞

法律漏洞係指依現行規定之基本思想及內在目的，對於某項問題可期待設有規定而未設規定之謂。今日的判例學說都公認任何法律皆有漏洞之事實。由於法律禁止法官拒絕裁判，所以當法官遇到現行制定法對案件事實沒有進行規制和約束時，有進行裁判和進行法律漏洞彌補的義務，那麼法官有必要依某種原則對法律適用進行自由裁量。西元 1907 年《瑞士民法典》採用誠信原則作為基本原則並賦予法官自由裁量權，表明立法者已明智地認識到立法本身的滯後性和侷限性。立法不可能涵蓋一切社會關係，現實法律必然存有缺漏，並將填補缺漏的任務委諸法官，同時指明了填補缺漏所應遵循的一般規則，以便充分發揮法官在司法活動中的創造性和能動性。漏洞彌補可能發展為法官解釋法律或是法官造法，法官的自由裁量的標準之一就是誠實信用原則，因此誠實信用原則得以發展的主要因素是因為存在法律漏洞。瑞士立法者不僅注重誠信原則和公平正義在法典中的體系性、高度概括性和科學合理性，而且注重該原則在司法活動中的實際功能和作用的充分發揮。

(二) 民法基本原則的類型

民法中存在兩類基本原則，一類是前述的代表民法基本價值和精神的

---

⑱　郎元鵬，〈論民法基本原則的法律效力〉，（http://chinalawlib.com/90350016.html；瀏覽日期：2009 年 2 月 12 日）。

基本原則，即法國民法所揭櫫的私法自治原則、所有權絕對原則。除了體現民法共同價值觀的民法基本原則之外，在部分民法典中還存在**另外一類「基本原則」，這一類基本原則並非起向外宣示民法的價值取向作用、而是起克服成文法的滯後性和侷限性作用的基本原則，亦可稱之為解釋性的原則，例如誠實信用原則、善良風俗原則**。章禮強教授對民法基本原則亦採取類似的分類，其認為，民法基本原則可分為二組：一組是帶鮮明權利和個人本位特色的原則，這是主要的；另一組則是在權利人和個人本位前提下，帶些社會傾向的原則，如權利不得濫用原則，先是尊重個人權利，次是要求對權利不要濫用。**公平和誠信原則也應是尊重個人權利的前提下，考慮社會性**。❹誠實信用原則最早出現在《瑞士民法典》的第 2 條第 2 項：「行使權利，履行義務，應依誠實及信用而為之」。第二次世界大戰後，西元 1947 年修訂的《日本民法典》學習了瑞士民法的這種立法例，在日本民法第 1 條規定基本原則的內容，包括公共福利，信義誠實和不許濫用權利，被稱為昭和民法三原則。昭和民法三原則中，最重要的是誠實信用原則。我國於民國 71 年也將原本置於民法債編第 219 條的誠信原則遷移至民法總則中的第 148 條第 2 項，其主要理由就是要把誠信原則提升作為整部民法的基本原則。不過應注意者，前述彌補法律漏洞的解釋性原則，亦即為克服法律滯後性和侷限性工具的基本原則，不僅只有誠實信用原則一種，公序良俗原則亦屬解釋性的基本原則。

二、民法的一般條款或概括條款

　　誠實信用原則不但是民法的基本原則，也是民法的一般條款。有學者謂：「誠實信用原則如公序良俗係一種概括條款，為不確定之法律概念，須於個案中，依價值判斷予以具體化」。❺法律概念，以是否確定為標準，可以分為確定法律概念和不確定法律概念。不確定的法律概念又可分為封閉

---

❹　章禮強，〈對民法本位的新審思〉，頁 48，收錄於《西南政法大學學報》，2002年 11 月。

❺　林大洋，《民法概要》，頁 108。

型的與開放型的。前者是指內涵不確定，但外延是封閉的，如危險、物、違法性、法律行為等。後者是指內涵不確定，但外延是開放的，如合理、顯失公平、善意、惡意等。❺ 法官對於封閉型的不確定法律概念於具體案例之適用時，僅能依邏輯推理操作。但法官對於開放型的不確定法律概念於具體案例之適用時，必須根據其自由裁量權加以評價。誠實信用原則應屬一種不確定的法律概念，但其與一般的不確定的法律概念仍有不同，主要原因為其連可能的文義都很難確定，故被稱為一般條款。一般條款於具體案例之適用時更需要由法官加以評價並做出具體、類型化。

誠實信用原則的內涵與外延均具有不確定性，是可彈性適用於民法各領域的有關公平正義的彈性要求。就內涵而言，誠實信用原則是以模糊的公平正義要求為內容的規則；就外延而言，誠實信用原則具有不確定性，可補救具體規定的不敷使用。

三、推崇與質疑「帝王條款」

當誠實信用原則與公序良俗原則愈來愈受到重視以後，尤其是當誠實信用原則被冠上「帝王條款」的尊貴美名之後，就有人開始爭論：究竟哪一種基本原則才是真正意義上的基本原則？

(一) 推崇「帝王條款」

之前已論及，誠實信用原則發端於羅馬法之「誠信契約」與「誠信訴訟」，歷經幾千年的滄桑後，時至今日，該原則復興之後又已發展為君臨民法之全法域的「帝王條款」，它的調整範圍之廣、在民法中滲透之深以及其適用之靈活，均使其他民法原則難以望其項背。大多數學者因上述理由認為，「解釋性原則」在貫穿民法始終性上優於私法三原則，它才是真正的民法基本原則。

---

❺　梁慧星，《民法解釋學》，頁 291。

(二) 質疑「帝王條款」

反對以誠實信用原則作為「帝王條款」或「民法的基本原則」的學者則認為，誠信原則授與法官自由裁量權屬逾越公法上的權利。其並且認為，自由裁量權只能來自於憲法與法院組織法，誠信原則再怎麼至尊，也不過是一條私法原則，私法原則豈能決定公法上的權利？ ❷ 其反對以誠實信用原則作為民法基本原則還有另一理由，即其認為的誠信原則在民法的人身關係領域（親屬法與繼承法）中是毫無用武之地的。這些學者因此認為，「價值性的基本原則」（如私法自治原則）才是真正的民法基本原則，像誠信原則這種解釋性原則並不是民法的基本原則。因為只有價值性的基本原則才能體現民法的本質，而解釋性原則不能完成這一任務。其進一步的主要論述為：「誠信原則內容由於極為抽象，具有彈性，內涵及外延都不確定，乃屬一白紙規定，其內容眾說紛紜，無有定論」。「它非但不代表現有法秩序，反而破壞現有法秩序，乃是對法的安定性的一種潛在的威脅。以一種與現行民法蘊含的價值相違背，而其本身又無確定的價值目標，僅僅是法官方便地解釋法律的技術手段為現行民法的基本原則，恐怕無論是在邏輯上還是在法理上都是站不住腳」。根據以上觀點，認為民法典中並不需要規定誠實信用原則，甚至必須捨棄誠信原則。 ❸ 以上之質疑說並不正確，因在民法典授與法官自由裁量權的來源是立法者作如此之規定，而非私法逾越公法的領域。況且，史尚寬教授早就指出，誠信原則之適用，並不限於私法，而應及於公法、憲法。 ❹

另外，誠信原則既然提升為民法的基本原則，其在民法的人身關係領域（親屬法與繼承法）當然可以適用。至於質疑說擔憂法官濫用誠信原則，則可提醒我們應加強對法官依誠信原則進行自由裁量的限制。另有一種反對意見認為，誠信原則在實然層面上只是作為調節利益的工具存在，誠信

---

❷ 孟勤國，〈質疑帝王條款〉，頁 137，收錄於《法學評論》第 2 期，2000 年。

❸ 尹鴻翔，《論契約自由原則》，頁 36，廣西大學碩士論文，2003 年。

❹ 史尚寬，《民法總論》，頁 41。

原則並非民法中高於其他原則的帝王原則，它始終與私法自治原則共生共存、共同建構民法體系的兩大根基，同時服務於正義這個最高理想，並指導著一系列具體規則的操作與運行，此種論點較為中肯。❺

其實，「解釋性的基本原則」與「價值性的基本原則」都可視為民法的基本原則，因為民法中的許多條文規定都反映出此兩類原則的精神，**兩者的主要差別在於**，「價值性的基本原則」屬於靜態，較無發展空間；而「解釋性的基本原則」屬於動態，能與時俱進。因此，大陸學者徐國棟在其《民法基本原則解釋》一書中提出了「誠信原則幾乎是大陸法系民法中唯一基本原則」的論點。

四、誠實信用原則與民法其他基本原則的關係

現代民法要求人民以誠信原則作為行為基準所形成的法律體系，儘管誠信原則與其他原則有內涵和側重點之不同，但誠信原則與其他基本原則也有著密切的關係，如上所述，公平原則與誠信原則在某種程度上具有同等的價值內涵；權利不得濫用原則、權利失效和情事變更原則等則是誠信原則的具體化和制度化。又如公共利益更是誠信原則的應有之意和補充。因此，誠實信用原則是民法的最高指導原則，是民法原則中的原則，它理所當然是民事立法、守法、司法的「帝王條款」。

03

第五節 誠實信用原則的功能

一、誠實信用原則功能的分類

經由前一節探討誠信原則具如此隆崇的地位，且其作為民法的基本原則必然具備相當多的功能。誠實信用原則之所以具備各種功能的主要原因，是因為其負有達成公平正義的目標。從具體個案而言，這種公平正義的達

---

❺ 刁勝先，〈誠信原則的本質探討及在我國民法中的地位〉，頁 60。

成主要表現在誠實信用原則的運用可以平衡個人利益與個人利益之間的矛盾和衝突，也可以平衡個人利益與社會利益之間的矛盾和衝突，亦即其具備衡平的功能。當發生某種民事法律糾紛時，如果現行民法沒有規定或規定不詳盡時，既然立法者已授權法院（如瑞士民法第 4 條明文規定）可以用誠信原則的概念加以解釋暨裁判，誠信原則就凸顯出其具備解釋暨裁判準則的功能；而解釋的功能在某種意義上也就是評價、補充或修正的功能。如果這種解釋一再的被使用，就會形成判例法，會對其他的判決形成拘束力或成為其他判決的模範，以至於後來成為立法的重要參考，由此就顯示出其具有立法的功能。另外，立法者既然把誠實信用原則寫在法典裡面，其目的當然是希望人民依誠信原則進行法律行為，所以誠信原則亦具有行為準則的功能。

由上述可知，**誠實信用原則應有衡平、裁判準則、解釋、評價、補充、修正、立法、行為準則等功能。**但由於觀察角度的不同，學者有認為誠信原則有兩種功能者；有認為其有三種功能者；也有認為其有四種功能者。例如，劉得寬教授把誠信原則的功能分為兩種：㈠具有社會接觸關係者間之規範關係具體化的機能。㈡具有補充制定法不足，以及克服制定法在形式適用上不合理之機能。❺❻施啟揚教授把誠信原則的功能分為三種：㈠解釋或補充法律行為的準則。㈡解釋或補充法律的準則。㈢制定或修正法律的準則。❺❼林誠二教授把誠信原則的功能分為四種：㈠法具體化機能。㈡正義衡平機能。㈢法修正機能。㈣法創設機能。❺❽姚志明教授亦把誠信原則的功能分為四種：㈠具體性功能。㈡補充性功能。㈢限制性功能。㈣修正性功能。❺❾

---

❺❻　劉得寬，《民法總則》，頁 322-323，五南圖書出版公司，2004 年 9 月 4 版 1 刷。

❺❼　施啟揚，《民法總則》，頁 373-374，三民書局總經銷，2001 年。

❺❽　林誠二，〈再論誠實信用與權利濫用禁止原則之機能〉，頁 44-48。

❺❾　姚志明，《誠信原則與附隨義務之研究》，頁 38。

二、誠實信用原則的各種功能

民法既然已賦予誠實信用原則平衡各方利益的作用，根據這種作用，本書認為它自然而然的會產生以下各種功能：

(一) 正義衡平功能

正義衡平功能係指權利主體於行使權利時，故意規避法律之規定，使相對人受損，不符合誠實信用之要求，法官可將這種不正義之結果矯正，以符合實質的正義。例如甲與乙不動產仲介公司簽訂居間契約，約定於三個月內出售其土地，報酬為售價百分之四，乙於期間內介紹丙擬與甲訂約，甲為避免報酬之支付，拒絕準備完成契約之訂立，致期間經過，或故意解除、終止與乙之居間契約後，再與丙簽訂契約。這種情形雖然可規避法律之約束，但不符合誠信原則，我國之法院曾依誠信原則，判決甲仍應支付報酬，以平衡乙所受到不公平的對待，實現法律追求正義的精神。[60]

(二) 解釋法律功能（具體化機能）

誠信原則解釋法律功能是指法律條文有時極為抽象，於適用具體個案時，必須經由解釋，誠信原則對於解釋、補充可發揮關鍵性的作用。誠信原則解釋功能的發揮主要在司法領域。經由法官對事實和法律依誠信原則來加以解釋，以闡明事實之應有的法律含義，以及法律應有之價值含義，從而使案件得到公正之裁決。德國民法第 157 條就明文規定應以誠實信用原則對契約進行解釋。[61]德國民法如此規定是由於誠信原則本身內含法律之公平正義之價值，因此在對有關模糊性、不周延的法律規定解釋時，應

---

[60]　林誠二，〈再論誠實信用與權利濫用禁止原則之機能〉，頁 44-45。所引之判決為最高法院 58 年度臺上字第 2929 號。

[61]　德國民法第 157 條規定：「對契約的解釋，應遵守誠實信用原則，並考慮交易上的習慣。」(Vertraege sind so auszulegen, wie Treu und Glauben mit Ruecksicht auf Verkehrssitte es erfordert.)

依誠信原則加以解釋，並通過這一解釋來達到法律具體化之目的。林誠二教授將這種解釋的功能稱為具體化機能，並舉出我國民法雖然規定債務人應依債之本旨為清償，債務人無為一部清償之權利，但債權人如以債務人僅差極少數之金額（如新臺幣一百元）而拒絕塗銷抵押權登記者，被法院的判決解釋為有違誠信原則。❷

(三) 指導立法功能

民法基本原則是制定民事基本法的立法準則。❸**誠信原則指導立法功能是指其作為民法的基本原則所具有的指導立法功能。**由於誠信原則意味著授予法官自由裁量權，這種自由裁量權相當於衡平立法權，由此形成立法機關和司法機關二元的立法體制。因此，一方面誠信原則實際上發揮著「造法」之功能，不斷發掘法之應有含義，不斷補充法律之漏洞；另一方面依誠信原則所形成的大量判例也勢必將影響將來之立法，或推動立法活動之開展，或為未來之立法提供大量豐富而詳實的第一手資料。如**我國民法中的「情事變更原則」與「締約過失責任原則」之法典化都是經由誠信原則的指導而來。**❹

(四) 法修正功能

誠信原則修法功能是指根據誠信原則對現行制定法進行修正。學術界對於誠信原則是否具有修正現行法的功能有較大的爭議。持否定態度的學者認為：1. 承認誠信原則的修正功能將嚴重損害法律的穩定性及法律的權威性；2. 如果承認誠信原則的修正功能，法官將可能濫用誠信原則，借用誠信原則之名任意解釋法律，違背依法審判之基本原則；3. 在出現法律爭議時，如果法律就發生的法律事實已經作出詳盡的規定，法官具有遵循法

❷ 林誠二，〈再論誠實信用與權利濫用禁止原則之機能〉，頁 44-45。所引之判決為最高法院 83 年度臺上字第 2129 號。

❸ 徐國棟，《民法基本原則解釋》，頁 11。

❹ 其詳見本書第三章第六節。

律判案的義務。任何違背明確法律規定的判決都與法治國家不符。❻持肯定態度的學者認為，法律應以社會的理想，即愛人如己的人類最高理想為標準，誠信原則亦應依據這一個理想作為判斷標準。如果法律或契約與人類最高理想不合，則應排除法律或契約而直接適用誠信原則。❻林誠二教授也認為，為使制定法適合時代社會之需要，誠信原則具有法修正機能。其所持之論點為：「依我國民法第 443 條之規定，承租人違反法律規定或契約約定轉租時，出租人得行使終止權。但倘係因生計困難逼迫，非如此不可，而終止契約，顯非誠信原則之首肯」。林教授並舉最高法院 51 年臺上字第 2629 號判例做說明❻。有學者認為，誠信原則是否具有法修正的功能之爭論，實際上是涉及到法律的兩種基本價值的較量：法律的穩定性與個案的公平性。❻本書認為既然誠信原則具有上述之解釋法律的功能、指導立法的功能，其實際就是法官在立法，因此不需要再討論誠信原則是否有修法的功能，而應討論法官於根據誠信原則進行立法時，如何使法官的立法權限制在合理的範圍之內。

(五) 行為準則功能

我國民法第 148 條第 2 項規定：「行使權利，履行義務，應依誠實及信用方法」。上述規定要求當事人在行使權利、履行義務時，應兼顧對方當事人利益和社會一般利益，使自己的行為符合誠實信用的基本原則。如果行使權利、履行義務違背了誠實信用原則，則構成違法。因此，誠實信用原則當然具有行為準則的功能。

---

❻　朱岩，〈民法典一般條款研究〉，頁 111，收錄於《月旦法學雜誌》第 7 期，2005 年。

❻　史尚寬，《債法總論》，頁 330–331。

❻　林誠二，〈再論誠實信用與權利濫用禁止原則之機能〉，頁 46–47。

❻　洪兵，《論誠實信用原則的修正功能》，頁 5，西南政法大學碩士論文，2007 年。

第六節　誠實信用原則在立法中的指導作用

　　誠信原則不僅是守法原則、司法原則，同時也是一種立法原則，它在立法領域中具有指導的作用（立法準則的功能）。**⑥⑨**誠信原則在立法中的指導作用是指藉由誠實信用原則所制定出之新的法律制度。以下將介紹幾項由誠實信用原則所發展出來並且已經正式由立法機關納入民法典之制度。

一、誠實信用原則與情事變更原則的立法

　　情事變更原則本來僅是由德國學說與判例所發展出來的一種法律制度，它的根源是來自於誠實信用原則，**⑦⓪**我國於民國 88 年修正民法債編時，正式將其納入民法第 227 條之 2。德國於西元 2002 年債法修正時亦將情事變更原則（Stoerung der Geschaeftsgrundlage，法律行為基礎障礙）明文規定於新德國民法第 313 條，此項立法行動在德國被稱為「未明文之法律制度之法典化」(Kodifizierung eines ungeschriebenen Rechtsinstituts)。**⑦①**從情事變更原則正式納入民法典中，無論是在我國或是在德國的立法實踐都證明誠實信用原則對於立法的指導發揮了極大的作用。

(一) 情事變更原則概論

　　情事變更原則是我國明定於債法中的一項重要原則，其含義明白的規定於民法第 227 條之 2 第 1 項：「契約成立後，情事變更，非當時所得預料，而依其原有效果顯失公平者，當事人得申請法院增、減其給付或變更其他

---

⑥⑨　徐國棟，《民法基本原則解釋》，頁 11。

⑦⓪　林榮耀，〈情事變更原則之理論與實際〉，頁 772，收錄於《民法債編論文選輯》，1984 年 7 月初版。

⑦①　陳彥良，〈未明文之法律制度之法典化──以德國民法上締約過失為中心〉，頁 148，收錄於《臺北大學法學論叢》，2005 年 6 月。

原有之效果」。**情事變更原則可說是對於「契約必須嚴守」**(Pacta sunta servanda) **此一項法律制度的挑戰。**根據「契約必須嚴守」原則，當事人雙方訂立契約後，若客觀情況出現異常，即使契約一方當事人將面臨損失或者將導致顯失公平，也要完全履行「契約」而不允許當事人變更或解除。世界有許多法學發達的國家（如法國、日本）至今尚未明文規定情事變更原則，主要是受到堅守「契約必須嚴守」思維之影響。因「契約必須嚴守」雖然可以維護形式上的公平正義，但無法維護實質的公平正義，因此**在立法上沒有明確規定情事變更原則的國家，大都透過適用誠實信用原則處理特殊案件。** ⓻

　　情事變更概念源於羅馬法，拉丁文為 rebus sic stantibus，其原義為「情事如此發生」；德文稱 Ruecktritt wegen veraenderterd Umstaende；英文為 changed circumstances。由於受到自然法的影響，情事變更原則在十七世紀時曾得到廣泛的應用，到十八世紀後期，因過度的適用造成被濫用，十九世紀初主要的教科書都已不提及此一原則。⓻ 雖然西元 1850 年德國學者溫德賽特 (Windscheid) 發表了一篇專題論文，提出了與情事變更原則相似的「前提假設論」，但是此一期間所制定的法國、德國及瑞士的民法典中均未規定情事變更原則。由於「契約必須嚴守」原則的不靈活性，再加上進入二十世紀後，西元 1914 年至西元 1918 年人類經歷了第一次世界大戰，西元 1929 年至西元 1945 年經歷第二次世界大戰，造成社會經濟極大的變動，在此背景下，大多數契約無法履行，各國法院面臨諸多不能依成文法或先前判例裁判的案件，致使「契約必須嚴守」原則的弊端開始凸顯出來。西元 1921 年**德國學者奧特曼** (Oertmann) **提出了「法律行為基礎說」**(Lehr der Geschaeftsgrundlage)，**認為契約的存續應以訂立契約時支配契約的環境因素繼續存在為前提；契約成立後，訂約時所依據的環境因素發生重大變化或不復存在，則契約履行也必須加以改變。**

　　此一關於情事變更的學說，後來又由德國學者拉倫茲 (Larenz) 將法律

⓻　馬海燕，《情事變更原則研究》，頁 10，山東大學碩士論文，2005 年。

⓻　于海申，《情事變更研究》，頁 2，瀋陽師範大學碩士論文，2007 年。

行為基礎區分為主觀行為與客觀行為之「修正行為基礎說」而得到進一步的完善，經法院判例的採用而使「情事變更原則」具有了法律約束力。不僅有許多國家在國內立法承認了「情事變更原則」此一法律制度；後來在國際法，諸如「國際商事契約通則」、「聯合國國際買賣公約」都對這一原則作了具體規定。我國已經在民國 88 年於民法第 227 條之 2 明文規定了「情事變更原則」，此種法律制度於未法典化之前，都以誠信原則為基礎所建立。而作為情事變更制度研究最為透徹之德國，於民國 91 年債法修訂時，亦將「情事變更原則」(Stoerung der Geschaeftsgrundlage) 規定於新法之第 313 條。❼❹

　　我國情事變更原則之適用範圍並不僅限於因契約所發生之債，此可從民法第 227 條之 2 第 2 項的規定得知:「前項規定，於非因契約所發生之債，準用之」。此一規定乃因**雖然情事變更原則的適用多係因契約而生，但發生債之關係者尚有無因管理、不當得利及侵權行為等，此等債之關係依然可以適用情事變更原則**。此外，我國民事訴訟法第 397 條第 1 項亦有情事變更原則之規定:「確定判決之內容如尚未實現，而因言詞辯論終結後之情事變更，依其情形顯失公平者，當事人得更行起訴，請求變更原判決之給付或其他原有效果。但以不得依其他法定程序請求救濟者為限」。

(二) 情事變更原則與誠實信用原則的關係

　　契約作為調整當事人關係的法律形式，應當體現法律的「穩定性」和「適應性」的基本效能。所謂「穩定性」是指應該嚴格遵守契約的約定，而不能隨意變更契約的約定。所謂「適應性」是指在特殊情況之下，契約不得不進行某種程度的變更。誠實信用原則正是法律「穩定性」和「適應性」的有機結合。而情事變更原則正是誠實信用原則在契約法中的運用，相對於情事變更來說，誠實信用原則是其上位概念 (Oberbegiff)，法院於適用誠實信用原則時，應斟酌誠實信用原則，換言之，情事變更原則係誠實信用原則之一適用。❼❺雖然情事變更原則淵源於誠實信用原則，其性質和

❼❹　杜景林、盧諶，《德國債法改革》，頁 68-69，法律出版社，2003 年 2 月第 1 版。

內容也沒有超出誠實信用原則的範疇，但是兩者的適用範圍和具體適用於債法領域的功能上是有明顯區別的。誠實信用原則是一項民事法律關係主體從事任何交易行為所必須遵循的重要的基本原則，而情事變更原則只是債法中的一項原則；就適用於債法領域而言，二者的區別為：誠實信用原則旨在確定當事人行使權利履行義務的方法。情事變更原則的效力則主要體現在契約的變更或解除上，該原則並不能為當事人義務的履行確定一定的方法，更不能從該原則中引申出契約的義務。但如果在契約的履行過程中發生情事變更問題，無法實現契約目的，產生顯失公平的後果，若強制當事人繼續履行契約中的約定，顯然有背於誠實信用原則，所以情事變更原則是誠實信用原則具體化的一個表現。❼⑥

(三) 情事變更原則的構成要件

基於以上對於情事變更原則的內涵要求，可知該原則的適用必須符合一定的構成要件而後才能產生一定的法律效果。

情事變更原則的構成要件有：

1. 時間要件

情事變更必須發生在契約生效以後，履行終止以前，因為如果契約訂立之前或訂立時客觀情事就已經發生了改變，當事人應當已經認識到這一客觀事實的存在。還需特別注意者為，若其間雖然發生情事變更，但至履行時已恢復原態者，則亦不能適用情事變更原則。❼⑦

2. 客觀方面要件

必須具有情事變更的客觀事實。所謂情事變更，乃是指作為法律行為的成立基礎或環境的一切客觀事實在客觀上發生異常變動。譬如說，當事

---

❼⑤　林榮耀，〈情事變更原則之理論與實際〉，頁 772。

❼⑥　陳軍芬，〈再析情勢變更原則〉，頁 47，收錄於《長沙大學學報》，2006 年 5 月。

❼⑦　林榮耀，〈情事變更原則之理論與實際〉，頁 773。

人在訂約時，主要生產原料的定價為三千元／噸，在契約生效後未履行前卻上漲到一萬五千元／噸，那麼這種原料價格的異常變動就是情事變更的客觀事實。只有客觀事實發生變化，才能運用情事變更原則，對有效成立的契約進行變更或解除，在維護契約當事人的合法權益的同時，又能保持契約適當的約束力。

3. 主觀方面要件

　　情事變更的情況是當事人所無法預見和防止的，若當事人在訂約時就已經預見到而仍然訂立契約，或在履行中能終止而不終止，則表明當事人自願承擔了這種風險。通常因戰爭之因素或國家的經濟管制政策是當事人所無法預見和防止的。如當事人雖未預料，但客觀上係可得預料者，則顯係該當事人之過失；如因錯誤而未預料者，則得適用錯誤之法理（民法第88條）解決。至情事之變更，當事人雖多少可以預料，而其預料不完全者，則當事人仍應負擔危險責任，例如投機交易，危險買賣等是。**❼⑧只有完全出於當事人主觀的故意或過失以外的原因造成客觀事實才能有權主張情事變更。**

4. 造成顯失公平的要件

　　即因情事變更而使原契約的履行顯失公平。情事變更發生後，經常使契約當事人的利益產生嚴重的不均衡，違背當事人訂約時所追求的利益互惠原則，**若繼續按原契約規定來履行義務，會對一方當事人產生顯失公平的情形，這也就違背了誠實信用原則。**至如何之程度，得謂「顯失公平」，一般以為，如不適用情事變更原則，會對通常之法律關係產生巨大之變更，而有害交易安全。而在適用情事變更原則後，可免不當之損害，但亦不致因此使相對人受不當之損害。**❼⑨**譬如說，由於國家管制政策造成生產廠商購買的原材料價格上漲幅度很大，造成生產成本急劇上升，再按原契約的

---

❼⑧　林榮耀，〈情事變更原則之理論與實際〉，頁773。

❼⑨　林榮耀，〈情事變更原則之理論與實際〉，頁774。

價格賣給生產廠商，這就明顯造成了利益不均衡，這對生產廠商來講是極度不公平的。在此種情形，如能酌降一定成數之價格，既可減輕買方之負擔又不致使賣方之利潤受到相當之影響，則應適用情事變更原則。

(四) 情事變更原則適用的法律效果

按照民法第 227 條之 2 的規定：「……依其原有效果顯失公平者，當事人得聲請法院增、減其給付或變更其他原有之效果」，根據本條文之規定，在情事變更發生後，因情事變更蒙受重大利益損失的一方享有抗辯權，可以請求增、減給付，如增、減給付尚不足以排除不公平之結果時，則可「變更其他原有之效果」。所謂「**變更其他原有之效果**」可能之含義包括甚廣，**如延期或分期履行、變更標的物、拒絕先為履行、解除契約等如下之變更方式：**

1.增、減給付標的的價格與數量

因契約標的的價值發生重大變化，可以通過量的增減使當事人的利益達到平衡。增減的價格與數量應當以雙方當事人在情事變更之前給付與對待給付的比例關係為基準，同時應當將契約當事人必須承擔的交易風險排除在外。例如，貨幣發生嚴重貶值時，受不利益的一方當事人只可以請求適當地增減價款，而不能完全不承擔任何貨幣貶值的風險。❽⓪

2.延期或分期給付

在契約履行期內發生了情事變更而阻礙契約的如期履行，但延期或者分期履行不影響契約目的實現，則應該允許延期或分期履行。此亦為民法第 318 條所明定：「債務人無為一部清償之權利。但法院得斟酌債務人之狀況，許其於無害於債權人利益之相當期限內，分期給付或緩期清償」。從鼓勵交易的目的出發，如果當事人希望繼續履行契約義務，且延期或分期履行能夠消除情事變更所導致的不公平時，應當盡量採取這種方式。❽①

---

❽⓪　林榮耀，〈情事變更原則之理論與實際〉，頁 773。

3. 變更給付標的物

因情事變更而使當事人一方不能交付契約之標的物，且以其他標的物代替給付不影響契約目的的情形，應該允許變更標的物。對於種類之債，應無條件允許一方當事人以同種類其他標的物代替原標的物，債權人不得任意拒絕。如果是特定物之債，是否允許變更標的物應徵得相對方的同意，只有在對方同意可以替代的情況下，才可以允許用其他物替代給付。❽❷

4. 拒絕先為履行

於雙務契約，當事人之一方有先為給付之義務，如他方當事人於訂約後，因情事變更而導致資金、信用狀況發生激變，有難以給付之虞時，負有先履行義務的當事人可以作出拒絕先履行的情形。❽❸不過，如果負有作出對待給付義務的當事人能夠提供按期作出對待履行的擔保，則不得拒絕先為履行。

5. 解除契約

民法第 227 條之 2 規定雖然沒有直接規定可以解除契約，不過如果對於「變更其他原有之效果」做廣義的解釋，解除契約亦應該成為情事變更原則的法律效果之一。因為當採用變更契約的方式不能消除顯失公平的後果，或者契約繼續履行已不可能，或者當事人一方認為契約的變更有背於訂約的目的時，就應當通過解除契約的方法來消除顯失公平的後果。應當注意的是，一方當事人主張適用情事變更原則解除契約，免除其履行契約義務時，如果因契約的終止履行給對方當事人造成了損失，主張解除契約的一方當事人應當適當補償對方當事人因此而遭受的直接損失。❽❹

---

❽❶　林榮耀，〈情事變更原則之理論與實際〉，頁 773。

❽❷　林榮耀，〈情事變更原則之理論與實際〉，頁 776。

❽❸　林榮耀，〈情事變更原則之理論與實際〉，頁 774。

❽❹　趙箏，《情事變更原則之比較研究》，頁 28–29，鄭州大學碩士論文，2006 年。

二、誠實信用原則與附隨義務的立法

(一) 附隨義務的意義與基於誠信原則的立法

契約可以產生各種不同的義務，如買賣契約對賣方而言產生賣方交付買賣標的物的義務，對買方而言產生買方支付價金的義務，此等義務被稱為主要義務 (Hauptplicht)。除此之外，買賣契約還可能因為運輸、包裝等問題而產生一些補充性的義務，此等義務被稱為附隨義務 (Nebenpflicht)。附隨義務的內容主要有通知、協助、保密及保護等義務。附隨義務的功能主要有彌補契約的漏洞、輔助實現契約給付義務及平衡當事人之間的利益等功能。為了保護契約當事人的特殊利益，附隨義務具有存在的廣泛性、具體內容的不確定性和地位特殊性的顯著特徵。❽附隨義務之概念源於德國的民法判例與學說，即在債的關係發生過程中，債務人在主要義務之外，基於誠實信用原則，根據債的性質、目的和交易習慣而應履行的義務。王澤鑑教授認為，附隨義務是為履行給付義務或保護當事人人身或財產上利益，於契約發展過程中基於誠信原則而產生的義務。❾根據此種對附隨義務之描述可知，附隨義務本來是法律並無明確規定，當事人在締約時也未約定，但基於誠信原則和社會的一般交易觀念，課予當事人應負擔的義務。因此附隨義務的法理基礎應是基於誠信原則而不是法律明確規定或當事人約定產生的。❿然而有些國家以法律的形式規定了附隨義務，例如中國大陸 1999 年合同法在總則第 42 條、第 62 條、第 90 條明確規定了附隨義務的內容，大陸學者認為，附隨義務的法典化是中國民事立法領域的一項重要舉措，這就使附隨義務具有了法定義務的性質。⓰

---

❽　張春普，〈附隨義務涵義和價值理念的探析〉，頁 45，收錄於《河北法學》，2001 年 3 月。

❾　王澤鑑，〈債之關係的結構分析〉，頁 99，收錄於《民法學說與判例研究㈣》，1992 年 9 月 7 版。

❿　魏思奇，《合同附隨義務研究》，頁 21。

　　我國於民國 88 年修正民法債編時，於民法第 245 條之 1 規定了締約過失責任，**事實上就是承認附隨義務中的先契約義務**，並於第 227 條增訂第 2 項，也承認違反契約履行中的附隨義務必須負賠償責任，此等舉措均是附隨義務法典化的一種表現。德國於西元 2002 年債法修正時亦將締約過失這種違反先契約義務 (vorvertragliche Pflichtverletzungen, culpa in contrahendo) 納入民法典第 311 條第 2 項，此項立法行動在德國被稱為「未明文之法律制度之法典化」(Kodifizierung eines ungeschriebenen Rechtsinstituts)。**❽❾** 此外，**契約成立後之義務當中也包括履行中的附隨義務**，其最著名者為由德國學說判例所形成的積極侵害債權 (Positive Forderungsverletzung) 理論，德國立法者於西元 2002 年債法修正時雖然並未於法典中另立一條文特別加以規範，但已將其納入一般給付障礙中，亦即將其納入新法第 280 條至第 282 條之規範中。根據德國民法第 280 條第 1 項的規定，**債務人需對任何違反基於債務關係而產生的義務承擔責任，此種義務之違反，不僅是指主給付義務、從給付義務，甚至還包含附隨義務。** **❾⓪** 從以上中國大陸、我國以及德國的立法實踐可知，附隨義務的法理基礎和效力之源仍然是誠實信用原則。誠實信用原則是附隨義務產生的直接依據，可見誠實信用原則在附隨義務的立法上發揮了指導作用。

(二) 附隨義務的種類

　　如上所述，附隨義務係遵循誠實信用原則，為了促成契約的締結、確保契約目的的實現或維護契約當事人的利益，依據契約的性質、目的和交易習慣所承擔的作為或不作為義務，**該義務的具體內容非自始確定，而是**

---

❽ 李霞，〈附隨義務探析〉，頁 64–65，收錄於《邵陽學院學報》(社會科學版)，2006 年 12 月。

❾ 陳彥良，〈未明文之法律制度之法典化——以德國民法上締約過失為中心〉，頁 148。

⓪ 陳彥良，〈未明文之法律制度之法典化——以德國民法上締約過失為中心〉，頁 154。

隨契約關係的發展，依事態情況而發生，附隨義務是誠實信用原則的一種具體表現，即自產生特殊信賴的契約關係那一刻起，即綿延不絕地伴隨著契約關係的始終，從契約關係發展過程而言，可將附隨義務分為**先契約義務、履行中附隨義務和後契約義務三種類型**，三種類型的附隨義務因其所處的時間階段不同，違反後的法律效果也有所不同。

1.先契約義務（締約過失責任）與誠信原則

在傳統契約法上，當事人在契約成立前相互之間並無任何特殊的權利義務關係，彼此間自然不用承擔任何責任。契約是構成契約責任的前提，有了契約才有義務，也才可能產生契約責任；沒有契約就沒有義務，也就沒有契約責任，契約責任即是違約責任，但是，在契約未成立或雖成立而不生效的情況下，如因一方當事人的過失而使另一方蒙受損失，如何保護受損害方利益，使有過失一方當事人承擔責任，則是違約責任所不能解決的問題。在這種情況之下，當事人僅能依不當得利或侵權行為請求損害賠償。然而侵權責任的構成要件較之違約責任要為嚴格，不利於有效保護受害者的合法權益；[91]而且當事人為締結契約而接觸、磋商、談判、訂立契約時，彼此間的信賴隨之俱增，權利義務關係乃有強化的必要，如果不改變傳統契約法的理論，對於欲締約之一方常常造成極大的不公平。為解決此難題，**德國著名法學家耶林 (Rudolf von Jhering) 在西元 1861 年著文提出了一種介於違約責任與侵權責任間的一種特殊民事責任即「締約過失責任」(culpa in contrahendo) 理論。**[92]耶林的締約過失責任理論後來被德國法學家多勒 (Doelle) 譽為法學上的發現。[93]「締約過失責任」制度後來經

---

[91] 王澤鑑教授認為依侵權行為法處理締約過失有三項缺點。王澤鑑，〈締約上的過失〉，頁 84，收錄於《民法學說與判例研究(一)》，1983 年 4 月 7 版。

[92] Jehring, Culpa in Contrahendo oder Schadenersatz bei nichtigen oder nicht zur Perfection gelangten Vertraegen, Jahrbuecher fuer heutigen roemischen und deutschen Recht, Bd. 4, 1861.

[93] 王澤鑑，〈締約上的過失〉，頁 79。

不斷補充和完善，逐漸成為契約法中一項十分重要的理論，並在許多國家的司法實踐中獲得了承認。該理論認為，**當事人為訂立契約而進行磋商之際起，相互之間就開始產生一種信賴關係，依照誠實信用原則，欲交易的當事人此時即負有相互協力、通知、保護和保密等義務，此即先契約附隨義務，簡稱先契約義務** (Vorvertragliche Pflicht)。**當事人若不遵循誠實信用原則履行先契約義務，而造成對方損失時，則必須賠償損失，即承擔締約過失責任。**我國於民國 88 年民法債編修正時已正式引進「締約過失責任」制度。我國在引進此一制度以前，王澤鑑教授早已著文宣揚德國此一學說，並強調「目前，德國通說認為 culpa in contrahendo 責任在實體法上的基礎，係德國民法第 242 條所規定之誠實信用原則 (Treu und Glauben)，基此原則，從事締約磋商之人，應善盡交易上必要之注意，維護相對人的利益，於違反時，應就所生的損害，負賠償之責」。❾❹ 除了上述我國與德國外，對於先契約義務之法典化也同樣在中國得以實現，其法理基礎亦為誠實信用原則。中國大陸合同法第 42 條規定：「當事人在訂立合同過程中有下列情形之一，給對方造成損失的，應當承擔損害責任：ａ.假借訂立合同，惡意進行磋商；ｂ.故意隱瞞與訂立合同有關的重要事實或者提供虛假情況；ｃ.有其他違背誠實信用原則的行為」。

(1)締約過失責任的構成要件

締約過失責任的構成要件是指締約人違反先契約義務致相對人受到損害，造成利益損失，承擔責任所必須具備的條件，即在什麼情況下才承擔責任。其構成要件有四：

①締約人存在違反先契約義務的行為

締約過失責任是違反義務的結果，但這裡的義務特指在締約階段締約人依誠實信用原則應履行的附隨義務。根據我國民法第 245 條之 1 的規定有下列情形：ａ.就訂約有重要關係之事項，對他方之詢問，惡意隱藏或不為事實之說明者磋商。例如：雙方當事人在訂立契約階段應當如實地向對

---

❾❹　王澤鑑，〈締約上的過失〉，頁 82。

方當事人陳述商品情況、質量，不隱瞞商品的瑕疵，並對有關重要事項作出提醒，否則即為違反先契約義務。b.知悉或持有他方之秘密，經他方明示應予保密，而因故意或重大過失洩露之者。對締約過程中知悉的商業秘密未盡保密義務。例如，對締約過程中知悉的商業秘密未盡保密義務。c.其他顯然違反誠實及信用方法者。本款為概括性描述，包含範圍甚廣，可以指：一方未盡通知、協助等義務，增加了另一方的締約成本；一方未盡照顧、保護義務，造成另一方人身或者財產的損害；在訂約談判中，一方明確向另一方許諾，在一定日期後或者完成一定工作後，一定會以更優惠的條件與其簽約，另一方為此放棄與他方簽約的機會，待約定的日期或條件成就時，卻不予簽訂，給另一方造成損失的；基於信賴關係，一方的行為足以讓另一方相信，契約最終會成立乃至生效，然而由於另一方原因，例如未履行簽約手續，導致契約不成立或無效。

②**締約對方受有損害**

由於一方有損害的事實而致另一方造成損失，即應承擔締約責任，沒有損失即不應承擔責任，也就是說即使締約一方客觀上實施了締約過失行為，如果沒有造成對方的實際損害，也無締約過失責任可言。

③**違反先契約義務的行為與損害事實之間存在因果關係**

此一要件是指違反先契約的行為是造成締約上損害的原因，而損害事實的發生，則是違反先契約義務的結果，二者互為因果關係。缺少此一因果關係，即使有締約過失行為和損害事實也不發生締約過失責任。

④**違反先契約義務主觀上有故意或過失**

締約過失之責任必須先討論德國學者耶林在創設締約過失責任理論時，其主觀過錯之心理狀態，主要指的是過失，而不包括故意。後來隨著該責任制度的發展和演進，學者們通說認為，「過失」範圍太小，「故意」亦應包括進去，但由於「締約過失」責任的稱謂已得到廣泛的認可，故並沒有將「締約過失」責任此一稱謂做任何的修改。其中，故意是指行為人預見到自己的行為後果而仍然希望或放任該結果發生的心理狀態。過失是指行為人應當預見或能夠預見自己的行為後果而沒有預見，或者雖然預見

了但輕信能夠避免該後果的心理狀態。

(2)法律效果

按照民法第 245 條之 1 的規定:「……對於非因過失而信契約能成立致受損害之他方當事人,負賠償責任」,此條文只簡單的規定「**負賠償責任**」,至於賠償責任的範圍到底為何,則留下極大的解釋空間。因此,對締約過失責任的具體賠償範圍究竟應如何確定,卻是一個十分重要而複雜的問題。

所謂締約過失責任的賠償範圍,是指在締約過程中,因締約方的締約過失行為,致締約相對方造成的哪些損害應給予法律的救濟,以使該損害得以補償的問題。契約上所保護的利益可分為履行利益、信賴利益和固有利益三種。履行利益又稱積極利益或期望利益,係指契約有效成立後,債務人依照契約履行義務時,債權人可從履行中取得之利益。信賴利益又稱消極利益,係指契約當事人因對相對人行為的合理信賴而支付與契約存在直接聯繫的代價或費用。固有利益又稱維持利益,係指契約當事人原本就有的利益,如當事人的人身利益及與契約無關的財產利益。締約過失責任的賠償範圍到底是以上三種利益中之哪一種? 對此一問題的回答應視實際情況而論,以上三種利益都可能包括在內。因為在締約過程中可能存在多種違反先契約義務之行為,若因先契約義務之違反而使契約不成立、無效或被撤銷,有過錯之一方理應賠償受損害之一方,支付與契約存在直接關係的締約費用、為履約作準備的費用,即應賠償信賴利益;若因締約人違反保護義務或保密義務而侵害相對人的人身、所有權或營業秘密等,對相對人該種固有利益的損失也應賠償,即賠償固有利益。不過應注意者,**對信賴利益損失的賠償限額不應超過締約人在訂立契約時所應預見到的**,因契約不成立、無效或被撤銷所可能造成的損失,且最高限額不得超過履行利益,因為履行利益是當事人締約時所能期待的最大利益,當事人對契約的信賴不應超出履行利益。至於對固有利益損失的賠償數額則可超出履行利益,即應以實際損失為依據,對所造成的損失予以賠償,因為固有利益具有不可侵害性,受到侵權責任的保護。❾❺ 我國民法第 245 條之 1 僅規定

締約過失行為應承擔損害賠償責任，但對賠償責任的具體範圍卻沒有明確規定。有學者認為這一損害賠償的範圍應具體涵蓋以下五個方面：①訂立契約所支出的費用，包括交通費、通信費、考察費、餐飲住宿費等；②準備履行契約所支出的費用，如倉儲費、運費、保險費等；③主張契約無效或可撤銷時支出的訴訟費用或其他費用；④上述費用的利息損失；⑤喪失與他人簽約機會等情形所產生的間接損失等。**❾❻**

2.履行中附隨義務與誠信原則

所謂履行中的附隨義務係指契約生效後，當事人除應履行的主給付義務之外，還應履行通知、協助、保護等義務。我國民法第 227 條規定：「因可歸責於債務人之事由，致為不完全之給付者，債權人得依關於給付遲延或給付不能之規定行使權利（第 1 項）。因不完全給付而產生前項損害者，債權人得請求賠償（第 2 項）」。此條文的第 1 項是我國民法所固有，通稱為不完全給付，其與附隨義務有相同的功能。有學者認為，附隨義務的違反是不完全給付的事由，附隨義務的違反構成不完全給付的一種類型。**❾❼**此一條文的第 2 項為民國 88 年所增訂，其立法目的即是在立法上承認違反契約履行中的附隨義務應負損害賠償責任，而其理論基礎就是誠實信用原則。履行中的附隨義務研究起源於西元 1902 年德國著名律師史韜伯 (Staub) 發表的〈論積極侵害契約及其法律效果〉一文。在該文中作者提出了積極侵害債權或稱積極契約問題，即關於債務人的不當履行行為不僅造成了對履行利益本身的侵害，亦造成了對債權人固有利益的侵害問題。例如賣方明知馬有傳染病而將其出售給買方，導致買方其他馬匹受感染而死亡，在這種情況之下，德國帝國法院判決認為，賣方違反其對買方附有的保護義務，買方因而得以主張損害賠償請求權。法院的判決理由是援引德

---

❾❺ 陳仕遠，《論附隨義務》，頁 32–33，西南政法大學碩士論文，2004 年。

❾❻ 暢秋霞、姚清菊，〈淺議締約過失責任〉，頁 71，收錄於《經濟師》第 12 期，2002 年。

❾❼ 歐衡豐，《論合同附隨義務》，頁 20，對外經濟貿易大學碩士論文，2005 年。

國民法第 242 條的誠實信用原則做出創造性的解釋，推演出契約所需要的新義務，此類新義務即是所謂的附隨義務。❾❽根據積極侵害債權理論，附隨義務的不履行即是導致積極侵害債權的情形之一，履行中的附隨義務之法理基礎如前所述是基於誠信原則而來，中國大陸的合同法第四章合同履行中第 60 條第 2 項規定：「當事人應遵行誠實信用原則，根據合同的性質、目的和交易習慣履行通知、協助、保密等義務」。積極侵害債權理論提出後，在德國學界引起強烈反響，並為各國所接受，最終也於西元 2002 年 1 月 1 日被納入了《德國民法典》，該法典第 241 條第 2 項規定：「債務關係可以根據其內容，使任何一方承擔照顧對方權利、法益和利益的義務」。若違反了第 241 條第 2 項所規定的保護義務，則可依第 280 條請求損害賠償。❾❾西元 2002 年的德國新民法債篇雖然未明文指出將積極侵害債權當作債務不履行之第三個類型（其他兩個類型為給付不能與給付遲延），不過第 280 條第 1 項明定義務違反為損害賠償之基本要件，一般認為乃以間接方式承認積極侵害債權（近似於我國之不完全給付）為債務不履行之類型。❿於是有關履行中的附隨義務在經過一百年的學說與判例之發展中，最後在德國立法上得到確認，再次證明誠實信用原則在立法上的指導作用。

⑴違反履行中附隨義務應負責任的構成要件

①須有違反履行中附隨義務的行為

違反履行中附隨義務通常表現為不作為，但有時也表現為作為，前者如出賣藥品但不告知正確劑量導致患者病情加重，後者如因從醫療過程中知悉患者之隱私但沒有盡到保密義務。違反履行中的附隨義務也可能以瑕疵給付和加害給付的行為表現出來。所謂瑕疵給付，指因履行有瑕疵，致減少或者喪失該履行本身的價值或效用。如機器設備出賣人未告知買受人該機器設備的使用方法，以致買受人無法正確有效使用該機器設備；房屋

---

❾❽ 歐衡豐，《論合同附隨義務》，頁 19。

❾❾ 陳彥良，〈未明文法律制度之法典化──以德國民法締約過失為重心〉，頁 154。

❿ 姚志明，《誠信原則與附隨義務之研究》，頁 4-5。

出賣人對已出售的房屋疏於照顧以致房屋遭到損壞等。瑕疵給付侵害的是債權人對於正確履行所能取得的利益，即履行利益。所謂加害給付，指因債務人的不當履行，除發生債務不履行的損害之外，還致使債權人固有利益受到損害。違反履行中附隨義務中的某些告知義務、照顧義務、保護義務可構成加害給付，如債務人出賣患傳染病之馬匹致使債權人的其他馬匹受傳染而病亡，或機器設備使用方法告知錯誤，以致買受人人身受到損害等。

②存在實際損害

有損害才有賠償，因而違反履行中附隨義務必須造成損失才構成責任，當事人違反履行中附隨義務造成的損害包括直接損失與間接損失，直接損失是指違約行為直接造成的權利人現有財產或利益的減少，間接損失是指違約行為造成權利人可得財產或利益的損失。不管是直接損失還是間接損失，都是權利人財產或利益的減損，都是對當事人合法權益的侵害，而保護契約當事人的合法權益是契約法的基本目標，因此，只要當事人違反契約履行中附隨義務造成了實際損害，都應承擔違約責任。

③違反履行中附隨義務的行為與損害事實間存在因果關係

此種違約責任的前提必須附隨義務的行為與損害事實間存在因果關係。所謂因果關係是指，行為人只能對自己的行為所造成的損害承擔責任，如果損害不是由於違約行為而是由於別的原因引起的，即使存在違約行為，違約者也不應承擔損害賠償責任。

④違反履行中附隨義務主觀上有故意或過失

無論當事人是否有故意或過失，只要有違約就得承擔法律責任，相對方無需針對違約方是否有故意或過失進行舉證。

⑵法律效果

違反履行中的契約義務可導致的責任有實際履行、支付違約金、解除契約及賠償損失等。而違反履行中附隨義務之責任一般認為只有損害賠償一種，其理由為：一、附隨義務不是一種獨立的契約義務，權利人不因對

方違反附隨義務而享有請求履行權，因此，該義務被違反時，違約人不負實際履行的責任。二、負隨義務的不確定性造成當事人不能事先約定適用違約金的責任形式。三、履行中的附隨義務只是一種附隨的、次要的義務，沒有獨立目的存在，在於輔助給付義務之履行，保護相對人的合法權益，對附隨義務的違反尚不構成根本違約，因而不應解除契約。❿

違反履行中的附隨義務的損害賠償範圍應以履行利益的實際損失為主，此外，還應包括固有利益和信賴利益的損失。履行中的附隨義務可分為兩種，一種為促進履行利益方面的，另一種為保護當事人人身和財產利益方面的。對於前者的不予履行將影響履行利益的實現或圓滿實現，因而應對履行利益上的損失予以賠償；對後者的違反將可能致當事人固有利益或信賴利益造成損失，例如，當事人一方不能履行時未盡告知義務以致對方支出無益的費用，違約方所應賠償的即為信賴利益的損失。如違反保護義務致使相對方人身或現有財產受到損害，則應賠償固有利益的損失。 ❿

3. 後契約義務與誠信原則

所謂後契約義務 (nachvcertraglilche Pficht) 係指在契約關係終止後，基於誠實信用原則，當事人仍負有某種作為或不作為義務。換言之，在契約終止後，遵循誠實信用原則，為維護契約履行效果或協助對方處理契約終了善後事務，根據契約的性質、目的、交易習慣等應當履行通知、協助、保密、競業禁止等義務。後契約義務的存在主要是因為契約中的某些義務具有延續性或不可替代性，如不課予此種義務，當事人的利益無從得到保護。❿中國大陸合同法第 92 條規定：「合同的權利義務終止後，當事人應當遵循誠實信用原則，根據交易習慣履行通知、協助保密等義務」。具體的案例如受雇人離職後可以請求雇主開具服務證明書；房屋出租人於租賃關係消滅後應

---

❿ 陳仕遠，《論附隨義務》，頁 38。

❿ 陳仕遠，《論附隨義務》，頁 39。

❿ 唐文娟，〈論合同法中的附隨義務〉，頁 45，收錄於《西昌師範高等專科學校學報》，2003 年 9 月。

容許承租人在門前適當地方懸掛遷移啟事等都屬於後契約義務。

(1)後契約責任的構成要件

①行為人於契約結束後，不履行或不適當履行通知、協助、保密等義務

對於通知、協助、保護等應作為義務當事人不作為，對於保密、競業禁止等不作為義務卻積極作為，都是違反後契約義務的行為。

②存在損害事實

這種損害包括對相對人人身和財產的損害，包括現有財產權益的損失和可得財產權益的損失。

③違反後契約義務與損害事實間存在因果關係

其間的因果關係與前述締約過失責任中的因果關係相同。

④違反後契約義務有故意或過失

違反後契約義務的歸責原則有人認為應採無過失責任原則，理由是後契約義務是根據交易習慣形成，具有可預見性，從有利於保護受害方利益出發，只要違反法定義務就得負責任，而不問有無過錯的存在，不然就不利於受害方的保護。

另有學者認為，因為後契約義務的不確定性，其預見性也就不強，對於這種義務只要當事人不具有故意或過失的行為，就不宜認定其承擔責任，否則對債務人的要求過於苛刻。❿採用過失責任原則更有利於體現司法公正，因為後契約義務中，如當事人不是故意或過失（如洩密），契約已經履行完畢，雙方當事人均已得到各自利益，實現各自經濟目標，是不會給對方造成損失的。但是由於一方當事人的故意或過失（如怠於通知、協助）就會造成對方損失，出於公平合理的考慮，由過失方賠償這種損失有利於制裁和教育過錯當事人，並防止未來發生類似的過失行為。因此，違反後契約義務歸責原則仍應採過失責任原則。

---

❿　魏思奇，《合同附隨義務研究》，頁 36。

⑵法律效果

　　後契約附隨義務之違反的法律責任原則上是損害賠償，包括直接損失和間接損失的賠償。在特殊的情況之下，其法律責任也可要求實際履行，例如，患者因確實需要而向曾就診醫院請求病歷遭拒時，可以請求法院判決強制該醫院為病患提供病歷文件；又例如所購買的機器設備運轉中出現了技術問題，賣方應給予技術上之協助以排除故障，買方可請求賣方實際履行。

三、誠實信用原則與定型化契約的立法

1.定型化契約立法管制理由

　　搭乘交通工具、受雇於企業主、使用水電及購買保險等日常行為，人們都面臨著由一方所預先擬定的契約條款，此種契約籠統的被稱為定型化契約。但有學者認為，我國民法第 247 條之 1 所規定者應稱為「附合契約」，此種契約未對相對人屬性加以設限；而我國消費者保護法所規定者才能稱為「定型化契約」，此種契約交易相對人須為不特定多數消費者。雖然「附合契約」與「定型化契約」概念相近，但仍有不同，兩者之間有區別的實益。⑩⑤面對上述這些定型化契約，人們通常只能很無奈的接受或不接受，很少有進一步協商的可能。定型化契約在現實生活中的使用已極為普遍和廣泛，尤其廣受大企業的歡迎，因其可為大企業帶來效率和方便，但因其內容常常對消費者不利，因此也日益威脅到消費者的利益，不公平的定型化契約不符合法律所追求的公平和正義。若當事人之經濟地位平等，出於自由個別協議排除法律之任意規定時，無特別保護任何一方之必要，應依其協議恪遵「契約必須遵守」的原則，法律不必另外加以干預；惟若企業經營者為追求自己利益，難免利用自己預先單方擬定之定型化契約條款，

---

⑩⑤　曾品傑，〈附合契約與定型化契約之基本問題〉，頁 11–15，收錄於《東海法學研究》第 25 期，2006 年 12 月。

以契約自由為名，恣意排除法律任意規定，事實上僅規定有利於己之條款，即難以兼顧消費者之正當利益，對於處於弱勢地位之消費者，有失公平，例如旅館在自己印製的「旅客住宿登記卡」之注意事項中規定「本旅館不負現金、貴重物品遺失之責任」，此一規定對於旅客是極不公平的，因此對於定型化契約有必要審查該條款之公平性，以維護消費者之正當利益。否則，定型化契約將演變為超級工業巨頭和商業大亨們建立起一種新的封建秩序並奴役一大群臣僕的工具。[106]

有鑑於此，對於定型化契約應經由立法加以管制，以消弭這種不公平的現象。我國有關定型化契約之立法，本來只規定於民國 83 年制訂之消費者保護法中，民國 88 年民法債編修正時，再度將定型化契約制度納入民法第 247 條之 1。消費者保護法中之第 12 條明文規定：「定型化契約中之條款違反誠信原則，對消費者顯失公平者無效」；然而民國 88 年所新增訂的民法第 247 條之 1 雖仍然提到「顯失公平」，但未提到「誠信原則」。對於此種現象並不能得出「誠信原則」在定型化契約制度上未發揮指導立法的作用，因為之前已經論及「顯失公平」與「誠信原則」在含義上的相關性、重疊性。

對於定型化契約的管制，除了上述之立法管制以外，還有司法管制與行政管制。所謂司法管制是指司法機關對契約條款效力的審查；行政管制則是指行政機關預先防止違反管制的契約出現，避免損害發生。[107]

2. 定型化契約管制之標準

(1) 消費者保護法公布以前之標準

我國的消費者保護法是於民國 83 年 1 月 11 日才開始施行的，我國在消費者保護法實施前，對定型化契約並無專門規制之法律。學者及法院在

---

[106] 周晗爍，《論合同自由與限制》，頁 20，華東政法大學碩士論文，2006 年。

[107] 謝哲勝，〈契約自治與管制〉，頁 29，收錄於《河南省政法管理幹部學院學報》第 4 期，2006 年。

探討或判斷不合理定型化契約條款是否顯失公平時，僅能引用民法相關之規定，如民法第 72 條公序良俗、民法第 74 條暴利行為、民法第 88 條第 1 項意思表示錯誤、民法第 92 條第 1 項受詐欺脅迫為意思表示、民法第 222 條故意過失免責條款、民法第 366 條瑕疵擔保免除條款、民法第 390 條解約扣價條款、民法第 148 條第 1 項禁止權利濫用原則、民法第 148 條第 2 項誠信原則等規定加以處理。在以上這些規定當中，其中尤其是以採民法第 72 條公序良俗原則、民法第 148 條第 1 項禁止權利濫用原則及第 148 條第 2 項誠信原則之規定以規制定型化契約為主流見解，❿下述最高法院民事庭會議即採公序良俗以規制定型化契約。

我國最高法院首度對於顯失公平之定型化契約公開表示意見，係於該院 73 年度第十次及第十一次民事庭會議之二項決議，該二項決議內容為：

①**甲種活期存款戶與金融機關之關係，為消費寄託與委任之混合契約**

金融機關如以定型化契約約定其不負善良管理人注意之義務，免除其抽象的輕過失責任，則應認此項特約違背「公共秩序」，而解為無效。

②**乙種活期存款戶與金融機關之間為消費寄託關係**

縱令金融機關以定型化契約與存款戶訂有特約，約明存款戶事先承認，如金融機關已盡善良管理人之注意義務，以肉眼辨認，不能發見蓋於取款條上之印章係屬偽造而照數付款時，對存戶即發生清償之效力，亦因此項定型化契約之特約，有違「公共秩序」，應解為無效，不能認為合於同條第 1 款規定，謂金融機關向第三人清償係經債權人即存款戶之承認而生清償之效力。

前揭二項決議，均係以定型化契約條款違背「公共秩序」為由，宣告該條款無效。此外，最高法院針對定型化旅行契約，在 80 年臺上字第 792 號之判決中表示：「旅行契約係指旅行業者提供有關旅行給付之全部於旅客，而由旅客支付報酬之契約，故旅行中食宿及交通之提供，若由於旅行業者洽由他人給付者，除旅客已直接與該他人發生契約行為外，該他人即為旅行業者之履行輔助人，如有故意或過失不法侵害旅客之行為，旅行業

---

❿　張詢書，《格式條款效力規制之研究》，頁 5，西南政法大學碩士論文，2002 年。

者應負損害賠償責任。縱旅行業者印就之定型化旅行契約附有旅行業者就其代理人或使用人之故意或過失不負責任之條款，但因旅客對於旅行中之食宿、交通工具之種類、內容、場所、品質等事項，並無選擇之權，此項條款殊與公共秩序有違，應不認其效力」。此一判決顯然亦以違背「公共秩序」為由否認不公正定型化契約條款之效力。

對於我國最高法院民事庭會議前揭二項決議與最高法院針對定型化旅行契約之判決，有學者認為以違反「公共秩序」為由，宣告不合理之定型化契約條款無效，並不周延，其理由如下：

①定型化約款，雖未違背「公共秩序」，但依其內容，該約款仍不合理且不利於相對人者，亦屬常見。對於此種約款，即無法以「公共秩序」之概念判斷其效力。

②民法第 72 條所禁止內容違反公共秩序之法律行為，其目的在維護國家社會之一般利益，其所欲保障者，為國家或社會公眾之法益；而在定型化約款，其所牽涉者，原則上係契約雙方當事人間之利益。控制定型化約款，其主要目的，在維持雙方當事人間私法上利益之均衡，避免約款制定者濫用其經濟上、法律上、智慧上或其他與締約基礎有關之優勢，而侵害契約相對人之利益，由是可知，在定型化約款效力之控制上，其首應考慮者，係應如何藉規範定型化約款之內容，以維護契約當事人間利益之均衡，從而保障契約之正義，此並不盡然涉及國家社會之一般利益。❿

另王澤鑑教授亦曾著文表示類似的看法，認為應以誠信原則取代公序良俗原則規制定型化契約，其謂：「本文認為在此情形（針對最高法院 80 年臺上字第 792 號之判決）以誠實信用原則作為審查標準，似較適當。被上訴人以定型化契約，免除履行輔助人責任，排除契約上的基本義務，對契約上的危險作不當的分配，歸由相對人負擔，確非合理，與誠信原則，顯有違背，應不認其效力」。⓫不過，對於學者之批評，大法官孫森焱卻有不

❿　詹森林，〈定型化約款之基本概念及其效力之規範〉，頁 156，收錄於《法學叢刊》第 40 期，1995 年 4 月。

⓫　王澤鑑，〈定型化旅行契約的司法控制〉，頁 70，收錄於《民法學說與判例研

同的看法，其謂：「金融機關普遍適用定型化契約已危及社會一般存款戶全體利益，非僅存款戶個人與該訂約之金融機關私人間之利益平衡問題而已，即難以行使權利、履行義務應依誠實信用之方法為由，認該特約之條款無效。公序良俗為支配全部法律體系之指導原則，則雖消保法以誠信原則認定定型化契約之條款是否罹於無效之準繩，若此定型化契約係由企業經營者全體聯合而擬定者，則已危及社會之一般公共利益，為維護公共秩序而認為無效，即難謂不當。最高法院決議於消費者保護法公布實施以後，於尊重公序良俗之前提下，並非即無再適用餘地」。此項意見值得注意。**⑪**

　　由前揭最高法院之決議及判決內容觀之，金融機構及旅行業者與其客戶間之契約，縱有不公平條款，亦僅侵害到特定當事人之私法利益，與違反國家社會一般利益，並不相同，且亦難認為有違社會一般道德觀念，故以違反公序良俗為由宣告不合理之定型化契約條款無效，理論與實際上或有不妥，但觀諸歷史的發展，德國在第二次世界大戰以前，也經常援用德國民法第 138 條之規定（違背善良風俗），認為該法律行為因違反善良風俗而無效。有學者認為，各國之所以選擇採用公序良俗作為規制定型化契約的原則，是因為定型化契約性質上屬於民事法律行為，而依民法規定違反公序良俗者無效，所以，定型化契約之內容如果有背於公序良俗者無效。雖然公序良俗原則是規範定型化契約的重要原則，但是它只有在特定條件下方可適用，此乃引用該原則作為規範依據不可避免的缺點。**⑫**

⑵消費者保護法之標準

　　消費者保護法實施以後，判斷不合理定型化契約條款的依據已確定由誠實信用原則來擔綱，此可從該法的以下兩條條文得到證明。消保法第 11 條第 1 項規定：「企業經營者在定型化契約中所用之條款應本平等互惠之原則」、第 12 條規定：「定型化契約中之條款違反誠實信用原則，對消費者顯

　　　　究（七）》，1998 年 9 月版。

⑪　孫森焱，〈公序良俗與誠信原則〉，收錄於《民法總則爭議問題研究》，頁 198。

⑫　張詢書，《格式條款效力規制之研究》，頁 6。

失公平者無效。定型化契約中之條款有下列情形之一者，推定其顯失公平。一、違反平等互惠原則者。二、條款與其所排除不予適用之任意規定之立法意旨顯相矛盾者。三、契約之主要權利或義務，因受條款之限制，致契約之目的難以達成者」。

(3)民法之標準

除了消費者保護法於第 11 條規定定型化契約條款之內容控制以外，我國民法於民國 88 年 4 月 21 日公布增訂民法第 247 條之 1 亦是對定型化契約條款之規制，該條文規定：「依照當事人一方預定用於同類契約之條款而訂定之契約，為左列各款之約定，**按其情形顯失公平者，該部分約款無效**：一、免除或減輕預定契約條款之當事人之責任者。二、加重他方當事人之責任者。三、使他方當事人拋棄權利或限制其權利之行使者。四、其他於他方當事人有重大不利益者」。此一條文為民法上關於定型化契約（於立法理由書裡稱之為附合契約）條款之規定。該條文依據民法債編施行法第 17 條之規定，有溯及既往之效力，⓫在此情形下，由於消保法具有「保護消費者權益」之特別立法目的；而民法則為私法關係之普通法，故可認為，消保法及其施行細則關於定型化契約之規定，原則上僅適用於「消費性定型化契約」；至於「非消費性定型化契約」，除有特別規定外（例如商業保險定型化契約，應適用保險法第 54 條及第 54 條之 1；商業信託定型化契約，應適用信託法、信託業法規定；人事保證定型化契約，應適用民法第 756 條之 1 以下規定；定型化競業禁止約款應適用勞基法相關法），當然應適用民法第 247 條之 1 之規定。

從外觀而言，民法第 247 條之 1 對於定型化契約之判斷標準與消費者保護法第 12 條之規定似有不同，雖然在民法與消費者保護法中皆提到「顯失公平」之標準，然而在民法中並未明顯的將誠實信用原則作為判斷定型化契約之標準表達出來。但實際上，因誠實信用與顯失公平皆注重當事人

⓫　民法債編施行法第 17 條規定：「修正之民法第 247 條之 1 之規定，於民法債編修正施行前訂定之契約，亦適用之」。

間之利益平衡，兩者應互為補充而非彼此獨立。正如孫森焱教授所言：「蓋若一定型化約款如已違反誠信原則，焉有未顯失公平之可能，而若其顯失公平者，又有何可能認定該約款卻無違反誠信原則？」⑭，由此可以推論，顯失公平就是誠信原則之具體化規定，消費者保護法第 12 條所強調之顯失公平，實是對違反誠信原則之具體化。從反面解釋，民法上定型化約款是否違反誠信原則，也應該由該約款是否對約款相對人而言是顯失公平加以判斷。⑮

3.顯失公平定型化契約之法律效果

有關於顯失公平定型化契約之法律效果，在不同國家有不同的效力規定，但主要可分為三種方式。有的是明確規定顯失公平定型化契約之法律效果絕對無效，有的是規定部分條款無效，還有的是列舉某些顯失公平定型化契約之法律效果是否無效由法院決定。按照民法第 247 條之 1 的規定：「……按其情形顯失公平者，該部分約定無效」。可知，顯失公平定型化契約之法律效果是無效的，但並非全部無效，只是部分無效而已。

我國消費者保護法第 16 條尚規定：「定型化契約中之定型化契約條款，全部或一部無效或不構成契約內容之一部者，除去該部分，契約亦可成立者，該契約之其他部分，仍為有效。但對當事之一方顯失公平者，該契約全部無效」。立法規定在定型化契約中某項條款無效不必然導致全部契約無效，旨在保障消費者一方所期望的交易目的可以達成，節約社會資源，更好地保護消費者一方的利益。

---

⑭ 孫森焱，《新版民法債編總論（下冊）》，頁 699，三民書局總經銷，2004 年 1 月修訂版。

⑮ 陶德斌，《定型化契約條款與誠實信用原則》，頁 84，成功大學碩士論文，2003 年。

第七節 誠實信用原則在司法領域中的應用

誠信原則不僅是守法原則、立法原則，同時也是一種司法原則（審判準則的功能），[116] 它在司法領域中的應用尤為重要。

一、誠實信用原則與法官的自由裁量權

誠信原則作為一項衡平法，意味著授與法官在運用誠信原則進行法律推理過程中更多的自由裁量權。在法治時代下，法官享有自由裁量權是指法官在法律無明文規定情況或僅有模糊規定的時候，在一定價值觀念的指導下，自由斟酌地對案件進行裁判。[117] 如蔡章麟教授所言，誠信原則是未形成的法規，它是白紙規定，換言之，是給法官的白紙委任狀，[118] 這張白紙委任狀就是法官的自由裁量權。這張白紙委任狀也有人把它稱之為一把利劍，法律之所以授予法官這把「誠信原則寶劍」，是因誠信原則具有法律靈活性的長處，它能夠與價值觀念的變化結合起來，使法官以誠信原則的主觀判斷和客觀考量要素為依據開始分享立法權，換言之，權利的行使與契約自由因此注入了司法干預，從而適應了民事實體法律關係和訴訟程序上的秩序變革要求。由此可知，誠信原則在司法領域中的應用才是誠信原則最為關鍵的作用，因為民法法典中儘管誠信原則以概括條款的面貌出現，但是如果法官不善加運用，或者根本不予運用，則誠信原則的功能將無法發揮。

---

[116] 徐國棟，《民法基本原則解釋》，頁 12。

[117] 林輝，〈我國誠實信用原則研究現況評析〉，頁 75，收錄於《蘭州商學院學報》，2005 年 6 月。

[118] 蔡章麟，〈債權契約與誠實信用原則〉，頁 415，收錄於刁榮華主編《中國法學集》，漢林出版社，1976 年。

二、誠實信用原則濫用的禁止

誠信原則雖然在民法及民事訴訟中扮演極為重要的角色，然而，也有許多人擔憂，如果法官過度適用誠信原則，將使誠信原則取代現有的法律規定。誠信原則所授予法官的自由裁量權如果使用不當，就會導致司法專橫，並且為公權力對私權的任意侵犯製造合理的藉口。從這個觀點來看，誠信原則也有它的短處，尤其當法官有某種偏見的話，那麼誠信原則此一概括性條款也不能為公平正義做出貢獻。誠信原則的適用應受到嚴格的限制，不能動輒越過具體的法律規定，直接適用該原則，否則就會造成「法律解釋的軟化」和「向一般條款的逃避」，形成誠信原則之濫用。基於此一理由，誠信原則可以說是一把「雙刃劍」，利用它可以對具體法律規範疏於規制的行為予以制裁；利用它也可以置具體法律規範於一旁，轉而向「一般條款逃避」，或於適用法律時，有「法律解釋軟化」之現象。為防止誠信原則被濫用，使誠信原則在各個具體的民法領域能被正確的運用，於具體的情形，要綜合運用誠信原則的「真誠善意、守信不欺、公平合理」的價值理念來判斷是否納入誠信原則的規範範圍之內。⑲尤其重要的是，應將誠信原則在不同民法領域、不同法律行為模式下的不同誠信義務加以分析，使之固定化、明晰化、類型化、具體化，以便在適用時，遵行類型化的誠信原則優於一般化的誠信原則，從而將法官的自由裁量權限制在一定的範圍內。基本上，只有在具體的法律規定不敷使用時，才能適用誠信原則。

三、誠實信用原則濫用的預防

在上述擔憂誠信原則可能被濫用的思維之下，法官在運用誠信原則進行自由裁量時有一定的限制，學者歸納誠信原則濫用可分為四種情形：

(一) 捨「具體規定」而「向一般條款的逃避」

某一具體事件，適用某法律具體規定時，與援用誠信原則的結果，均

---

⑲　陽朝峰、夏勝威，〈試論誠實信用原則的價值取向〉，頁 80。

能獲致同一結論時，卻不適用該法律規定，而援用誠信原則，屬於「向一般條款的逃避」，此種情形為濫用誠信原則，應予禁止。其主要理由有二：1.如允許將該法律規定棄置不用，而逕行適用誠信原則，則將使裁判者不充分檢討各個法律規定；而任意適用誠信原則，致法律的權威降低。 2.適用法律的具體規定，其判斷過程明確，且容易判定是否符合立法者之意思；而適用誠信原則之情形，則其價值判斷之過程含糊，適用之妥當與否往往難以判定。**[120]**

(二) 捨「漏洞補充方法」而「向一般條款的逃避」

某一具體事件，雖無法律規定可資適用，亦即發生所謂法律漏洞時，倘其漏洞能逕行以「漏洞補充方法」，如類推適用、目的性限縮或目的性擴張等加以補充，或反面解釋處理時，雖援用誠信原則可與依上述補充或處理結果，獲致同一結論，卻仍捨棄上述方法，而直接援用誠信原則，也屬於「向一般條款的逃避」，此種情形也為濫用誠信原則，應予禁止。其理由為，如此將使與此等補充處理方法密切關連之法律受到蔑視，且適用誠信原則之價值判斷，亦未如依上開補充方法處理時，來得明確。

(三) 捨「判例之遵循」而「向一般條款的逃避」

某一具體事件，本來可以用判例來處理，卻逕行適用誠信原則，雖仍導致與適用判例相同之結論，仍是屬於向一般條款的逃避，此種情形也為濫用誠信原則，應予禁止。其理由一方面為，此將導致判例權威的低落；另一方面為，適用誠信原則未如適用判例時，其價值判斷之過程來得明確。

(四) 法律解釋之軟化

某一具體事件，能用法律處理，卻適用誠信原則，並因而導致與適用法律相反的結論時，是不被允許的，此種情形被稱為「法律解釋之軟化」。其理由為，不如此，將使法官假借誠信原則之名義，隨心所欲解釋，違反

---

[120] 林榮龍，《誠實信用原則在民法解釋學上功能之探討》，頁 100。

依法裁判之原則。「法律解釋之軟化」經常牽涉到誠信原則能否修正現行法律規定之爭論。持肯定意見者認為，誠信原則所體現者為公平正義之追求，當適用現行法律規定背離此一理想時，當然可以誠信原則修正現行法律之規定。持否定意見者認為，此將難以防範自由裁量權的濫用，造成有法不依的事實，損害法律權威性。有學者認為應視法官於處理該案件時是否公正，因為法律的權威只能建立在公正的基礎上。對適用效果違背公平正義的法律規定是可以用誠信原則加以修正，而不致有「法律解釋之軟化」之疑慮。⓭

03 第八節　案例研究

案例一

　　臺灣電力公司向臺灣煤礦公司簽訂了一長達三十年的購煤契約，煤的價格為每公噸二百元，十五年後由於通貨膨脹的因素，出乎意料之外，煤的市場價格已漲為每公噸二萬元。試問：臺灣煤礦公司可否請求臺灣電力公司必須支付每公噸二萬元的價錢？假如價格猛漲是因為戰亂所導致的不可預見的、劇烈的通貨膨脹，答案是否有所不同？

➡ 解　答

　　由於嚴重的通貨膨脹，本案例中的煤礦實際售價僅為市場售價的百分之一，臺灣煤礦公司的利益將因此受到極大的損害。這種遭到嚴重損害之風險本來就是在商業活動中的正常現象，所以，臺灣煤礦公司請求臺灣電力公司必須支付每公噸二萬元的價錢的合理性將不容易被認同。然而，如果這種風險顯然是當時雙方締約時所不可預見的，例如是因為戰亂所導致

⓭　楊葵，〈誠信原則在審判實踐中的運用〉，頁 69，收錄於《佛山科學技術學院學報》，2001 年 10 月。

的，按照誠實信用原則之理論所衍生出的情事變更原則，即如果一方能夠預見這樣的變化，致使其遭受到如此重大的損害，則其將不會訂立此一契約。本案例中之價格猛漲如果是因為戰亂所導致的不可預見之情形，則臺灣煤礦公司請求臺灣電力公司必須支付每公噸二萬元的價錢應屬合理。

案例二

名誠會計師事務所業務欣欣向榮，為了在臺中設立分公司，打算向鄉土建設公司洽詢承租該公司的一棟辦公大樓。在協商過程中，名誠會計師事務所要求特定樣式的裝潢，並且為他們的資訊系統裝配電線。就在雙方正式簽約日之前，名誠會計師事務所在臺中找到另一棟類似的辦公大樓，但租金卻比較便宜，於是拒絕和鄉土建設公司簽約。試問：鄉土建設公司有何請求權？

➡ 解答

原則上，基於契約自由原則，契約雙方當事人可以在簽訂契約之前隨時終止談判，導致無法締結契約。不過，如果雙方談判的內容已涉及到使另一方必須做一些實質性的工作，即雙方之間已建立起一種先契約關係，致使另一方相信訂立契約已屬必然，基於誠信原則，即使有更好條件的邀約也不能作為終止談判的理由，否則將造成對方的損失。在此情況之下，另外一方如果拒絕訂立契約，就屬違背誠實信用原則所衍生出的「締約過失責任」，另一方可請求損害賠償。本案中，鄉土建設公司應名誠會計師事務所要求，已做出特定樣式的裝潢，並且為他們的資訊系統裝配電線。名誠會計師事務所並不能因為有更低廉的租金而終止談判及簽約，否則鄉土建設公司即可根據民法第 245 條之 1 請求損害賠償。

案例三

吳長生是一名骨科醫生，他在替運動選手王見民治療脊椎受傷時，給了一種藥物，有些患者服用該藥以後會有打盹的現象。但是吳長生忘

記告訴王見民服用這種藥會產生的副作用。王見民服了這種藥之後開車拜訪友人，於途中因藥物之副作用發作導致車禍發生。試問：王見民是否可向吳長生請求賠償？

➜解 答

　　吳長生替王見民治療脊椎受傷之疾病，因此兩者之間存在一種類似委任契約之服務契約。根據該服務契約，吳長生不僅負有替王見民治療脊椎受傷的義務，還有義務告訴王見民，他所給的藥物可能發生副作用，本案中，由於附隨義務的違反，因藥物之副作用發作而導致車禍的發生。王見民可向吳長生請求賠償，請求權基礎是不完全給付（積極契約侵害）。

案例四

　　多年以來，吳長生是張若衛的家庭醫生。後來，由於兩人之間因某事使和諧的關係出了一點問題，張若衛決定改找別的醫生看病。張若衛的新家庭醫生希望能夠獲得張若衛的病歷。試問：吳長生有義務把張若衛的病歷相關檔案交給張若衛嗎？

➜解 答

　　醫療契約在性質上，係病患基於治病之目的，與醫師成立以診療為目的，並以此為內容之私權利義務關係。其概念類似於以事務處理為內容，而有委任契約之性格。惟醫師在診療過程中之事務處理，係本於其專業對病人診斷、說明，並決定是否予以治療，病患除了同意權外幾乎毫無置喙之餘地，此與一般委任，受任人受委任人之意思左右不同。因此，雖說醫療契約有委任契約性格，但只能說是類似於委任契約，而得準用委任契約之規定而已。不過，醫療行為被論斷為準委任契約之行為，係就一般醫療行為常態而言，若當事人訂有特約，約定至痊癒或治療至一定階段即給予報酬者，或醫療行為僅就特定行為為之者，凡此為以一定工作完成為目的之法律行為，則其性質與承攬契約相當，而可適用承攬契約之規定。

　　無論病人與醫生之間的法律關係為類似於委任契約或在特殊情況之下為承攬契約，他們均可被稱為服務契約。根據這種服務契約，醫生除了負有為病人治療的義務之外，即使服務契約已經結束，醫生尚有保存治療紀錄的附隨義務，並於必要時，提供病歷給予病人的其他醫生。此一附隨義務是源自於誠實信用原則。保存治療紀錄的目的主要是在必要的時候可以查閱，以方便自己或其他醫生之診療。病人有選擇他信任的醫生之自由，當吳長生與張若衛兩人之間的關係出了一點問題，張若衛決定改找別的醫生看病時，吳長生交付診療紀錄的附隨義務並不因之而免除。據上所述，吳長生有義務把張若衛的病歷相關檔案交給張若衛。此外根據醫療法第71條的規定：「醫療機構應依其診治之病人要求，提供病歷複製本，必要時提供中文病歷摘要，不得無故拖延或拒絕；其所需費用，由病人負擔」。另依該法第102條的規定，拒絕提供者，將處一萬元以上、五萬元以下之罰鍰。

案例五

　　在臺北人壽保險公司業務員張保贏的鼓吹之下，鋼琴家李必先與臺北人壽保險公司締結意外險契約。某日上班途中，李必先於等紅綠燈時被卡車司機王思神撞倒。經送醫急救後雖然保住了生命，但右手手指頭的功能已嚴重受損，根據醫生的診斷書記載，李必先的手指雖然還稍微能夠動彈，但已受到百分之六十至百分之七十的損害，今後是不可能再彈鋼琴了。此時李必先想起曾投保的意外險，乃向臺北人壽保險公司提出理賠。臺北人壽保險公司出示與所有客戶所締結的定型化契約表示，該保險契約針對手指受傷的理賠分為三等級，第一級者為手指功能喪失達百分之十至百分之三十理賠十萬元；第二級者為手指功能喪失達百分之三十至百分之五十理賠三十萬元；第三級者為手指功能完全喪失且不能動彈者理賠五十萬元。由於李必先的受傷情形不符合保險契約的規定，所以臺北人壽保險公司的業務員表示恕難理賠。試問：李必先如果向法院提起訴訟有勝訴的可能嗎？

→ 解 答

　　根據本案的事實，李必先的傷勢程度顯然不符合契約書上文字的明白規定，即皆不符合第一、第二及第三級的理賠規定，因此似乎不能請求理賠。但是如果該定型化契約違反民法第 247 條之 1 的規定，則該定型化契約將被判定為無效。本案之定型化契約是否無效的關鍵在於有無造成顯失公平的情形，李必先根據保險契約應按時繳交保費，如今因車禍手指頭受傷且已失去大部分的功能，如不能得到理賠顯然極不公平。而此一顯失公平的原因如果是由於臺北人壽保險公司業務員未盡到詳細告知保險契約條款的義務，就有違反誠實信用原則的可能。由於定型化的保險契約書通常都是密密麻麻的一大本，大部分的締約者都是在不甚理解契約書的內容之下訂立該契約，亦即定型化契約雙方當事人的訂約能力及資訊能力極不對等，這就讓其中的一方有機可乘，將不利於對方的規定隱藏起來，本案李必先的受傷程度就屬這種特地隱藏以達到不符合理賠狀況，因此臺北人壽保險公司預先所制訂的定型化契約不符合誠信原則，按照民法第 247 條之 1 的規定，此一定型化契約無效。但是，此一定型化契約無效對於李必先並非是最好的結局，因為李必先在契約無效之後僅能取得已繳交的保費，但臺北人壽保險公司頂多因契約無效而退還保險費，而可節省至少二十萬元的理賠金。對於此種結局的產生，顯示出定型化契約的規範在法律結果這一環節存在漏洞。此一漏洞可藉由權利濫用的法理要求損害賠償。

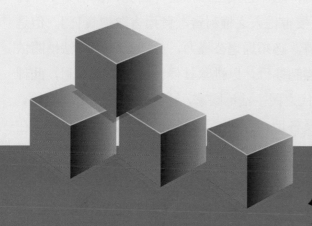

04

第四章

權利之保護

第一節　公力救濟與私力救濟

一、公力救濟為原則，私力救濟為例外

權利遭受他人不法侵害時，法律必須加以保護，因此，民法第184條規定：「因故意或過失，不法侵害他人之權利者，負損害賠償責任」。但是根據民法第184條請求賠償時，必須通過公權力，亦即必須由司法機關依**法定程序**，如起訴、判決及強制執行，以排除其侵害或實現其權利，此種制度稱為「**公力救濟**」。在現代之民主法治國家，國家擁有司法之壟斷權，但因國家之司法機關並非遍及各地，且救濟又必須依一定之繁複程序，在情況急迫時，常緩不濟急，如果完全禁止權利人自行排除不法侵害，對於社會秩序與公平正義之維持將不能確保。有鑑於此，法律例外允許權利人或其他人可以用「公力救濟」以外之力量以實現其權利，以彌補「公力救濟」之不足，此種非以「公力救濟」之力量實現其權利之行為稱為「私力救濟」。❶私力（自力）救濟源於人類社會早期的無政府狀態，在原始社會，由於沒有一個具有強制力的公共權力機關，為了保護自身利益，只能憑藉部落或個人的力量，用「以牙還牙」的方式進行私力救濟。其後，為了維護統治秩序，統治者逐漸加強國家權力，限制私力救濟，推行公力救濟。但這並不是說，私力救濟一下子完全消失了。事實上，私力救濟手段從它產生之日起，就一直不停止的被使用。即使到了現代法制社會，力求維護社會秩序與保護個人權利兩者之間的平衡，在注重公力救濟的前提下，也都在一定條件下允許採取私力救濟手段。

二、私力救濟的種類

在民法總則裡，「私力救濟」可分為自衛行為與自助行為兩大類。王伯

---

❶ Ruethers/Stadler, Allgemeiner Teil des BGB, S. 54–55, 13. Auflage.

琦教授認為，自衛行為與自助行為均屬權利之行使。❷

（一）自衛行為

當某人的權利受到侵害或者受到威脅時，如果不能及時獲得司法機關救助，當事人可以採取措施以避免侵害或威脅的實現，所採取的措施被稱為自衛行為。自衛行為又可分為正當防衛行為與緊急避難行為兩種。自衛行為乃自己或他人之權利，遭受侵害或危險時，所為之防衛或避難行為。自衛行為為民法上與刑法上皆存在之制度。自衛行為在民法上不構成侵權行為，不負損害賠償責任；在刑法上不構成犯罪，免負刑事責任。

（二）自助行為

所謂自助行為乃權利人為保護自己之權利（請求權），對於他人之自由或財產施以拘束、押收或毀損之行為。自助行為與自衛行為最顯著的區別是其所具有的攻擊性。自助行為因是針對請求權，所以是僅存在民法上的制度。自助行為在民法上不構成侵權行為，不負損害賠償責任。權利之行使，有無須他人之協力即得實現者，如物權、身分權等是。有須他人之協力方得實現者，如請求權是。允許自助行為之理由乃因法院並非到處皆有，其他有關執法機關亦非隨時在側，權利人如因時機緊迫，其請求權不及受法院或其他有關機關之救助時，例外不得不容許自助行為之私力救濟。❸

04

第二節　正當防衛

一、意義與法律性質

我國民法第 149 條規定：「對於現時不法之侵害，為防衛自己或他人之

---

❷　王伯琦，《民法總則》，頁 246，1968 年版。

❸　王伯琦，《民法總則》，頁 247。

權利所為之行為，不負損害賠償之責。但已逾越必要程度者，仍應負相當賠償責任」。此一規範稱為正當防衛。正當防衛屬於自衛行為之一種，為適法行為，且屬於權利行使之行為。正當防衛的防衛人其防衛行為應對侵害人為之，不過也有可能因實施正當防衛而侵害第三人的權利。如為了防衛侵害人的不法侵害而毀損第三人的所有物時，可能構成緊急避難，應依緊急避難處理。防衛行為為保全他人權利者，亦得成立無因管理。**正當防衛之法律性質為「以正對不正」之關係**。換言之，在正當防衛情形，受攻擊人的權利沒有必要屈服於攻擊人的非法行為，即使這種屈服是短暫的亦然。❹

　　正當防衛係在民法與刑法上均有之制度，其有阻卻違法並免除責任之效果。其得免除責任之理由有二：

　　1.主觀說：謂防禦行為出於緊急之時，已無思考能力，失其意思，無意思能力之行為，應免除其責任。

　　2.客觀說：謂防禦行為人於非常緊急時期，無法依賴公力保護，惟有任其以自力救濟，其發生之結果，當然免除其責任。❺

二、構成要件

　　依德國通說，正當防衛的構成要件包括下列兩要件：其一為具備防衛情狀 (Notwehrlage)；此係指對依法受到保護之利益有現時受不法侵害之狀態為前提。其二為具備防衛行為 (Notwehrhandlung)；此係指防止侵害之必要行為，並以認識具有防衛情狀為前提，而由受侵害人或第三人出於防衛意思 (Verteidigungswille) 所為之行為。❻

---

❹　梅迪庫斯，《德國民法總論》，邵建東譯，頁 130。

❺　劉清景，《民法總則》，頁 390，學知出版社，1996 年 11 月初 2 版。

❻　Helmut Koehler, BGB Allgemeiner Teil, S. 306, 28. Auflage. 周金芳，〈論民法之正當防衛〉，頁 391，收錄於《民法總則爭議問題研究》，五南圖書出版公司，1998 年 10 月初版 1 刷。

(一) 防衛情狀 (Notwehrlage)

係指對依法受到保護之權利有現時受不法侵害之狀態而言，因此必須具有下列要件，始可成立正當防衛。

1. 須有侵害之存在

侵害 (Angriff) 須以人的「行為」為前提，因此必須有侵害人 (Angreifer)。出自於動物之侵害或威脅並非正當防衛之侵害，應依緊急避難加以處理，除非動物被當作侵害之工具，例如驅使狗咬人。❼ 侵害行為係指侵害人對他人之權利之侵襲與加害，使權利人受到損害。理論上，侵害行為可分為積極的侵害與消極的侵害。❽ 但有學者認為只有積極的作為才算侵害，因此侵害行為並不包括消極的侵害，例如債務不履行之單純不作為，不能構成正當防衛。因此，房東繼續住於已出租之房屋內，只是契約義務的不履行，而非侵害，原則上不能構成正當防衛。❾ 又對於一個不履行其債務的債務人也不能行使正當防衛權，頂多只能根據民法第 151 條採取自助行為，而合法的自助行為的構成要件又比正當防衛嚴格許多。事實上，**消極的侵害是否構成正當防衛，應視實際情況而論，針對有些情況，是可以對消極的侵害行為進行正當防衛。例如：奶媽以餓死嬰兒為目的的拒絕哺乳或醫師無故不應急診，仍應可成立正當防衛。**❿ 雖然侵害須為人的不法行為，但不以有可歸責能力為必要，因此，精神病患、醉漢、無責任能力人、未成年人之行為均可構成侵害，而成為正當防衛之侵害人。⓫

2. 須為現時之侵害

---

❼　Helmut Koehler, BGB Allgemeiner Teil, S. 306, 28. Auflage.

❽　武憶舟，《民法總則》，頁 521。

❾　黃立，《民法總則》，頁 495。

❿　王伯琦，《民法總則》，頁 247。陳銘雄，《民法總則新論》，頁 932，三民書局總經銷，1982 年版。

⓫　Helmut Koehler, BGB Allgemeiner Teil, S. 306, 28. Auflage.

「現時」係指已著手侵害行為之實施，但尚未結束其侵害行為，例如小偷帶著竊盜物品企圖逃跑時，侵害尚未結束；反之，如果小偷逃逸時未帶竊盜物品，則侵害行為已經結束。**侵害之一部雖已終了，然可認為侵害人尚有持續反覆攻擊之虞者，仍不得謂侵害已成過去，故尚有正當防衛之可能。** ❶對於將來的侵害預為防衛或對於已經過去的侵害加以報復則非屬正當防衛，因為對於業已過去或尚未發生之侵害，應可請求公力救濟。 ❸因此如裝設警鈴、防盜設施等預防措施，並非現時之侵害，故對之無法成立正當防衛。 ❹於有多數侵害人時，必須於所有侵害人皆已離去，侵害始告結束。 ❺

3. 須為不法之侵害

正當防衛僅能對不法侵害加以反擊，對於適法之侵害則無實施正當防衛可言。例如市政府拆除違章建築、員警逮捕現行犯、法警對死囚執行槍決等公務員之執行職務之行為、留置權之行使、父母對子女之懲戒等均為適法行為，自不得實施正當防衛。

不法係指法令所不允許者，不必其侵害行為構成犯罪行為為必要， ❻**亦不必侵害人主觀上是否有故意過失為必要，例如醉漢打人，亦可成立正當防衛。** ❼彼此互毆是否可成立正當防衛最具爭議，因為必須認定誰先為不法之侵害。實施有拘束力之違法命令可視為不法侵害，因為經由違法命令所引起客觀之不法，不因下屬之遵守而阻卻違法。因此，**對於其侵害仍可實施正當防衛。** ❽對於正當防衛與自助行為也不得為正當防衛行為；至於對於緊急避難是否可實施正當防衛則有爭論，贊成者謂，緊急避難雖非

---

❶　陳銘雄，《民法總則新論》，頁 933。

❸　施啟揚，《民法總則》，頁 397。

❹　黃立，《民法總則》，頁 495。

❺　黃立，《民法總則》，頁 496。

❻　施啟揚，《民法總則》，頁 397。

❼　武憶舟，《民法總則》，頁 521。

❽　黃立，《民法總則》，頁 496。

「不法」，然被害者無忍受侵害之義務，仍得為正當防衛行為。**⑲**

4.須為防衛自己或他人之權利

　　正當防衛係為防衛自己或他人之權利，此之權利範圍與種類，**與緊急避難僅限於生命、身體、自由及財產等四種有所不同**，舉凡公權、私權、財產權、人格權或生命、身體、自由等權利均包括在內。有疑問者為，所謂之「他人」是否包括侵害人自己在內？例如侵害人所為殘害其自己身體之自殺行為，防衛人對該侵害行為施以防衛性之反擊，有學者認為此種情形如不能成立正當防衛，亦可成立緊急避難。**⑳**所謂之「他人」尚包括法人。**㉑**防衛「他人權利」也稱為緊急救助 (Nothilfe)，實施正當防衛之緊急救助人 (Nothelfer) 可向受害人依「無因管理」之規定求償。**㉒**又有學者將權利擴充到一切法益，其認為權利不限於實證法上一般所承認之權利，而係指因受法律保護之一切法益而言，不分私益或公益均屬之，即如所謂反射利益，亦包括在內。故對於叛亂、危害公共安全、偽造貨幣等犯罪者，以實力制止其犯罪行為者，亦可成立正當防衛。**㉓**

(二) 防衛行為 (Notwehrhandlung)

　　防衛行為係指對侵害人所為之現時不法之侵害行為，予以反擊之行為。防衛行為僅能對侵害人為之，不能對他人為反擊之防衛行為。對加害人以外之人，無所謂正當防衛可言，至多僅能謂其為緊急避難。**㉔**其反擊的方式可為積極行為與消極行為。未成年人亦可為防衛行為。**㉕**防衛行為必須合乎下列要件，始可成立正當防衛。

---

⑲　楊敏華，《民法總則大意》，頁 203，五南圖書出版公司，2003 年版。

⑳　武憶舟，《民法總則》，頁 522。

㉑　陳銓雄，《民法總則新論》，頁 932。

㉒　黃立，《民法總則》，頁 497。

㉓　陳銓雄，《民法總則新論》，頁 936。

㉔　劉清景，《民法總則》，頁 391。

㉕　武憶舟，《民法總則》，頁 521–522。

1.須有防衛之必要

至於是否必要，應從客觀狀況審查，被害人主觀意思如何則不問。㉖防衛須限於抵抗，不得自為侵害，否則，即屬防衛過當。例如，甲以木棍打乙，乙竟開槍殺甲，是為防衛過當。

2.防衛行為及其界限

⑴須防衛行為未逾越必要程度

正當防衛行為並非報復行為，因此防衛行為不能逾越必要程度。如根本不必要時，則無正當防衛可言，例如其能逃避而不逃避，或能得公力保護而不為之者，不成立正當防衛。正當防衛係適法行為對抗不法行為，亦即「正對不正」的行為，因此通說認為，遭受侵害的法益與因防衛行為反擊受損的法益不必相當。不過，二者在社會觀念上如顯失平衡，即為逾越必要程度，亦即**正當防衛仍應受合理限制而有「比例原則」之適用。**㉗根據此論述，如有多數防衛方法，則防衛人應擇其損害較輕者反擊之。例如鄉人侵入土地，驅逐出外即可，不必加以毆打。㉘根據民法第149條但書規定，防衛行為不能逾越必要程度，否則為過當防衛，對於過當防衛，無論防衛人有無過失，仍然應負損害賠償責任。同一過當防衛行為，其民事責任與刑事責任個別獨立。亦即**刑事責任雖然免除，民事上並不當然不負賠償責任，反之，雖然不必負擔民事責任，仍然可能必須負擔刑事責任。**㉙應特別注意者為，防衛是否過當應以防衛權存在為前提，否則應屬錯覺防衛之問題。㉚

㉖　林誠二，《民法總則講義》，頁441。

㉗　王澤鑑，《民法總則》，頁605。

㉘　施啟揚，《民法總則》，頁398。

㉙　施啟揚，《民法總則》，頁399。

㉚　武憶舟，《民法總則》，頁523。

(2)選擇侵害最輕微之手段實施

正當防衛不得逾越必要之程度之意與緊急避難並不相同，在正當防衛不必作過度之利益衡量，而是只要此兩種法益在社會觀念上未達顯失平衡即可。其原因為有時正當防衛行為非超過侵害者，不足以防衛其權利。所以不必要求侵害與反擊所生之損害，二者在方法、力量、人數或比例上相一致。❸因此，如果同時存在數種防止侵害之手段時，應選擇損害最小者為之。例如，裝腔作勢已足以阻止侵害之干擾，則不得再採進一步的行動。對於未攜帶武器之小偷，亦無跡象顯示其將採取暴力時，自不得以亂棒加身或將其射殺。反之，對於攜有武器而因之有威脅性之竊賊或強盜，自亦可使用武器，但武器之使用仍以對侵害之防衛所必要者為限，如為防衛開槍示警業已足夠，自不得立即對人射擊，只有當無其他方法足以對侵害加以防衛時，始可置侵害者之生命於不顧。❸

(3)不准濫用正當防衛之權利

正如同其他權利不能被濫用一樣，正當防衛也不能被濫用。被侵害之法益與因防衛所造成之損害不能處於極度不成比例之狀況，否則，即為濫用正當防衛權。正當防衛權於何時可視為被濫用，應依社會觀念而論。例如，對於偷取水果之盜賊，不能用電力設備將其電死。危害情狀如係由可歸責於被害人之事由所引起時，正當防衛並不因此被排除。但如受害人故意引起侵害，以便可以引據正當防衛而免責時，不能視為正當防衛，因為被害人之故意挑釁，本身已構成了違法之侵害，因此可被視為正當防衛之濫用。❸另外，對於正當防衛之行為，侵害人不得再實施正當防衛，即主張自己之行為為正當防衛。如其實施反防衛之行為，應論以侵權行為之損害賠償責任。❸有關於濫用正當防衛在德國有一個著名的教科書案例：一

---

❸　陳鋕雄，《民法總則新論》，頁 938。

❸　黃立，《民法總則》，頁 498。

❸　黃立，《民法總則》，頁 499。

個身體癱瘓的老人坐在他的果園裡，鄰家的小孩進入果園偷摘櫻桃，老人可以用槍射擊孩子嗎？梅迪庫斯教授認為，這個老人當然不能舉槍向孩子們射擊而必須犧牲他的櫻桃，否則就是濫用正當防衛的權利。其理由為：對孩子或其他沒有完全責任能力的人以及精神病人實施的侵害行為，應當加以更多的體諒。在這些人實施侵害行為時，侵害行為的非法因素沒有像通常情況下那麼嚴重。㉟

3.防衛行為必須出於防衛意思

所謂防衛意思係指防衛者主觀上必須出於防衛自己或他人權利或法益之意思，而實施防衛行為。防衛者必須明知防衛情狀之存在，而在主觀上出於防衛意思而為之防衛行為，始為正當防衛。㊱

三、法律效果

(一) 可阻卻責任

法律制度設置正當防衛的主要目的，在於使防衛行為能阻卻違法，防衛人對於侵害人反擊所造成的損害，在民法上不構成侵權行為，不負損害賠償責任；在刑法上如符合刑法規定，不構成犯罪行為，其行為不罰。㊲然而，防衛過當時，防衛人無論有無過失，仍應負相賠償之責。

(二) 對於第三人之責任

對於那些本身沒有實施侵害行為,但因防衛行為遭受到損害的第三人，正當防衛人也有可能承擔賠償責任。例如德國聯邦最高法院的一則判例中：

㉞　武憶舟，《民法總則》，頁 524。

㉟　梅迪庫斯，《德國民法總論》，邵建東譯，頁 127–128。

㊱　Larenz/Wolf, Allgemeiner Teil des Bureglichen Rechts, S. 372, 8. Auflage. 林山田，《刑法通論》，頁 149，自刊，1985 年版。

㊲　施啟揚，《民法總則》，頁 398–399。

飯店老闆實施正當防衛時，開槍射擊侵害者，一位與爭端無關的客人被老闆所射出之流彈擊中。法院認為，在此情形**正當防衛對於第三人並不適用**，飯店老闆對該無辜之第三人必須負損害賠償之責。❸

四、誤想防衛行為

誤想防衛行為係指客觀上本無現時不法之侵害，只因防衛人誤以為有防衛情狀之存在而為之防衛行為。誤想防衛行為原則上不構成正當防衛。其是否應負損害賠償責任，應按一般侵權行為之法理處理。

五、舉證責任

防衛人主張其行為係正當防衛者，應證明正當防衛要件已具備。蓋防衛行為係對侵害人之加害行為，本屬違法，惟如具備正當防衛要件，則依法得阻卻其違法性，防衛者即有免責之利益，主張利益者，自應負舉證之責。❹

04
第三節　緊急避難

民法立法例中，有的國家分別在總則編和物權編中對緊急避難做了規定，如德國民法第 228 條之防衛性緊急避難是規定在總則編，而第 904 條之攻擊性緊急避難則規定在物權編；有的規定在總則部分，如我國民法第 150 條的緊急避難是規定在總則編；有的國家規定在債法的侵權行為部分。**將緊急避難規定在總則編的理由是將它定位為「權利之行使」的概念之下。**但有學者認為，應然的體系安排是規定在債法的侵權行為部分，因為緊急避難是作為侵權行為之例外而存在，是侵權行為的專有對立物。若將其規定於民法典的總則部分，就顯得有些綱領紊亂了。而刑法典卻不存在民法典中那樣的問題，它只分為總則和分則兩部分，總則的所有規定，對分則

---

❸　梅迪庫斯，《德國民法總論》，邵建東譯，頁 130。

❹　陳銓雄，《民法總則新論》，頁 938–939。

都具有指導意義，而緊急避難制度正屬於這一部分。❹

一、意義與法律性質

我國民法第 150 條第 1 項規定：「因避免自己或他人生命、身體、自由或財產上急迫之危險所為之行為，不負損害賠償責任。但以避免危險所必要，並未逾越危險所能致之損害程度者為限」。一般認為，**緊急避難的法律性質是一種「正對正」的法律關係，涉及的是利害衝突的情形時，在兩害相權取其輕所做出的利益衡量之行為**。其與正當防衛同屬於自衛行為之一種，因而具有阻卻違法之性質。其理論基礎為放任行為說，即當危險發生急迫之時，非公權力之力量所能及時阻止，故法律例外放任而允許以私力救濟。因緊急避難係阻卻違法事由之一，縱令因此致他人受損害，亦不構成侵權行為，不論其損害是否屬於財產上之損害，行為人均不負賠償責任。❹

緊急避難是刑法與民法皆設置之法律制度，刑法上之緊急避難（我國刑法第 24 條）係對於行為人因遭遇緊急危難所為之侵害，在何時可免除其反社會性而不罰之問題；民法上之緊急避難（民法第 150 條），則係行為人因遭遇緊急危險所為侵害他人利益之行為，在何時可免除賠償責任，以符合公平分擔損害原則之問題。有學者認為，刑法上緊急避難之觀念，比民法上之觀念，應較廣。換言之，民法上要成立緊急避難比在刑法上嚴格。因此，同一緊急避難行為，在刑法上成立緊急避難而不罰之行為，未必在民法上即構成緊急避難而免負損害賠償責任。❹

二、種　類

通常的觀點認為，緊急避難之對象並無限制，是人或物都可，在我國一般採此觀點。但有另一種觀點認為，民法上的緊急避難行為只能對他人

---

❹　劉文遠、潘亞楠，〈緊急避險制度的比較研究〉，頁 106，收錄於《鄭州航空工業管理學院學報》（社會科學版）第 25 卷第 2 期，2006 年 4 月。

❹　洪遜欣，《中國民法總則》，頁 684，1976 年版。

❹　陳銘雄，《民法總則新論》，頁 948。洪遜欣，《中國民法總則》，頁 680-681。

所有的財物實施，而不能針對人身進行緊急避難，德國法採此觀點。在緊急避難僅能針對物的原則之下，德國民法中又將它分為進攻性緊急避難和防禦性緊急避難，前者是針對與危險的產生無關的他人之財物，而後者則是對有危害他人之財物進行的。德國民法上的緊急避難是以從對「物」之毀損為出發點，即在避免危險時，僅能將他人之物加害 (beschaedigt) 或破壞 (zerstoert)，而不能將其他法益（特別是人之生命、身體及健康）加以侵害。❹換言之，在德國民法之緊急避難只能針對物而不能針對人，又因加害或破壞之物與危險之發生有無關係之不同，而將緊急避難分為防禦性的緊急避難與攻擊性的緊急避難兩種。

(一) 防禦性的緊急避難 (defensiver Notstand; Verteidigungsnotstand)

所謂防禦性的緊急避難係指對於發生危險之物予以毀損而使危險不發生之避難，如為避免猛犬撲噬而予以擊斃；因避免他人所有物所引起之急迫危險而毀損其物。❹

德國民法第 228 條規定：「為自己或他人避免由他人之物所生之急迫危險，加害於他人之物或破壞之者，如其加害或破壞，於避免危險上所必要，且其損害與危險之程度相當者，即非為違法；但行為人就其危險之發生有過失者，仍負損害賠償之義務」。從此條文的內容可看出，德國法的緊急避難所指稱的危險是來自於「物」，為了避免危險必須加害或破壞他人之「物」。此與我國對於緊急避難並不限於「物」有極大的差別，其原因為何？或許王伯琦教授的見解可回答此一問題：「在防禦的緊急避難，其危險之原因須非人之行為，否則屬於正當防衛而非緊急避難」。❹

---

❹ Larenz/Wolf, Allgemeiner Teil des Bureglichen Rechts, S. 376, 8. Auflage.

❹ 王伯琦，《民法總則》，頁 244。

❹ 王伯琦，《民法總則》，頁 244。

(二)攻擊性的緊急避難 (offensiver Notstand; Angriffsnotstand)

所謂攻擊性的緊急避難係指為避免危險之發生，對與危險發生無關之物予以毀損。例如：因避免天災或盜匪之襲擊而毀損鄰家之牆壁或傢俱；鄰屋被焚，因避免火災延及之危險而破鄰屋之門扉進入救火；因避免猛犬之撲噬，而拉人以自障蔽致其被咬傷；二人同遭水難，其中一人因避免自己溺斃，而搶奪另一人所持之木板致其淹死。❹

德國民法第 904 條規定：「物之所有人，如他人對於其物之干涉，為現在危險防止之所必要，且其急迫之損害，較之因干涉對於所有人所生之損害甚鉅時，無禁止其干涉之權利；但所有權人，得請求賠償因干涉所生之損害」。從此條文的內容可看出，為了防止危險所必要，在急迫的情況之下，任何人是可以使用別人的「物」進行緊急避難，而「物」的所有權人對此是必須容忍而不能干涉的，所有權人只能在事後請求損害賠償。

德國民法此兩種緊急避難之共同點為：為了避免危險而允許干涉他人之所有權，且建立在利益衡量之基本思維上。此兩種緊急避難之不同點係其法律效果有所不同，於前者，避難行為人以有故意或過失為前提，負損害賠償責任；於後者，無論避難行為人有無故意或過失，亦不論該危險是否由其引起，物之所有權人均得對其請求損害賠償。在攻擊性的緊急避難，其所以課予避難行為人較重之責任，是因為該物與危險之發生無關，而且通常物之所有權人為第三人，為避免無關之第三人因他人避難行為而遭受無端之損害，若不課予較重之責任，實不足以兼顧第三人之利益。❹

我國緊急避難的行為對象不限於「物」，相對於德國法而言，其範圍顯然非常的廣，或許廣到足以包含正當防衛。所以我國學者認為我國緊急避

---

❹ 武憶舟，《民法總則》，頁 526。

❹ 林麗真，〈緊急避難之要件與責任〉，頁 399，收錄於《民法總則爭議問題研究》，五南圖書出版公司，1998 年 10 月初版 1 刷。

難也包括防禦性的緊急避難與攻擊性的緊急避難兩種。**❸**不過，因**我國實際上並未嚴格區分防禦性的緊急避難與攻擊性的緊急避難，且未賦予避難行為人不同之賠償責任，致使所有緊急避難人負同一之責任，則在攻擊性之緊急避難無異於要求無端受害之第三人，應承擔起避難行為之不利後果，此一結果對於第三人顯然有失公平。**❹**

三、構成要件

(一) 緊急避難之情狀 (Notstandslage)

1.有危險之存在

沒有危險就沒有所謂的緊急避難可言。所謂危險，係指足以發生危害之任何事件而言，**❺**不論其屬避難行為人自己之危險或他人之危險，亦不論其危險之發生為自然力抑或為人力所招致，前者如地震、颱風、洪水、饑荒；後者如盜難、失火、戰爭等，凡一切危害災難，皆包括在內。**❺**

2.有急迫危險之存在

急迫之危險係指危險已發生而尚未終了，且不以現存之危險為必要，只要隨時可以轉換為危險即可認之為急迫之危險。**❺**對於過去之危險，無所謂避難，對於未來之危險狀態，可以預避，亦無緊急救濟之必要。**❺**有學者認為，緊急避難之「急迫」與正當防衛之所謂「現時」，其所指之情狀，並無不同。**❺**

---

❸ 王伯琦，《民法總則》，頁 245。

❹ 林麗真，〈緊急避難之要件與責任〉，頁 399。

❺ 王伯琦，《民法總則》，頁 245。

❺ 洪遜欣，《中國民法總則》，頁 676。

❺ 黃立，〈緊急避難之利益衡量〉，頁 10，收錄於《月旦法學教室》試刊號，2002年 10 月。

❺ 劉得寬，《民法總則》，頁 328。

3. 須為避免自己或他人生命、身體、自由或財產上急迫之危險

我國民法明列出緊急避難所要保護的法益僅有生命、身體、自由或財產等四種。於其他之法益，雖受到緊急危險之狀態侵害時，亦不在其保護之內。有學者認為，因緊急避難行為屬放任行為，其所保護之法益不能過廣。❺❺ 另有學者認為，民法上之緊急避難（民法第 150 條）所以不及其他權利者，並非為對於其他權利不得為避難行為，而以其為不可能也。❺❻

與德國民法之緊急避難相較之下，在法益保護方面，我國所保護之法益僅限於生命、身體、自由與財產四種；而德國則毫無限制。在行為對象方面，我國並未有任何限制；而德國僅限於對「物」之加害或破壞。

(二) 緊急避難之行為 (Notstandshandlung)

1. 避難行為之必要性

緊急避難此一制度之立法目的是為了避免危險之發生，此一危險之避免必須借助某種行為。但此一行為必須具有必要性才能構成緊急避難。避難行為之必要性係指在此急迫危險之情形下，該避難行為是救濟其法益之唯一手段，或者是各種手段中，會造成他人損害中之最輕者。即非侵害他人之法益，則無避免危險之其他途徑。故若尚有其他避免之道時，則所為之避難行為，即非必要。❺❼

2. 避難行為不能過當與價值（利益或法益）衡量

民法不僅要求避免危險之必要性，尚且要求不能逾越危險所能致之損害程度者為限，亦即避難行為對法益所造成之損害，不得大於危險對上述

---

❺❹　王伯琦，《民法總則》，頁 245。

❺❺　武憶舟，《民法總則》，頁 525–526。

❺❻　王伯琦，《民法總則》，頁 246。劉得寬，《民法總則》，頁 328。

❺❼　武憶舟，《民法總則》，頁 526。

四種法益（生命、身體、自由、財產）所能致之損害，否則即構成避難過當，而應負損害賠償責任。換言之，緊急避難較正當防衛涉及更多不同的利益取捨及其犧牲，除必要性及比例原則之外，尚有所謂「法益權衡原則」之適用。❺❽避難是否過當之問題即為利益衡量之問題，換言之，避難行為所加於他人之損害，不能超過欲保全之法益所能發生之損害。簡而言之，即不能以犧牲較大之法益以保護較小之法益。法益高低之比較，原則上，生命法益高於身體法益，而身體法益又高於財產法益，但是如果只是身體或健康無關緊要之傷害，即不能因此而損壞他人之較高生命法益或財產法益。例如不能僅為保護自己或他人之身體免於受傷而致人於死。

3. 避難行為須出於救助意思

　　緊急避難行為必須出於避難者之主觀上為救助自己或他人之生命、身體、自由或財產之意思而為之者，始能成立緊急避難，而阻卻違法與責任。否則，客觀上雖有緊急避難之情狀，但避免者主觀上並非出於救助法益之緊急危難之意思者，即無構成緊急避難之餘地。救助意思包括救助自己緊急危難與救助他人緊急危難之意思。❺❾

四、法律效果

　　緊急避難的主要法律效果為阻卻違法，避難人因緊急避難對於他人所造成的損害，在民法上不構成侵權行為，不負損害賠償責任。但有下列情形，仍須負賠償責任：

(一) 避難過當者

　　我國民法第 150 條第 1 項但書規定：「但以避免危險所必要，並未逾越危險所能致之損害程度者為限」，超過此程度者，即屬避難過當，仍應負損害賠償責任。

---

❺❽　王澤鑑，《民法總則》，頁 609。

❺❾　林山田，《刑法通論》，頁 155。

(二) 行為人對於危險之發生有責任者

我國民法第 150 條第 2 項規定:「前項情形,其危險之發生,如行為人有責任者,應負損害賠償之責」。所謂對危險之發生有責任者,係指行為人對危險之發生予以原因而言。有學者認為,行為人對危險之發生予以原因者,應鑑及侵權行為制度之根本精神,謀求損害及其危險之公平負擔,未便許其將損害發生之危險轉嫁於他人。❻所謂責任係指違反注意義務,亦即有故意或過失。行為人對於危險之發生自己如有故意或過失,倘因而致他人遭受損害,仍應由其負損害賠償之責,例如犬之迫噬,係出於自己之挑撥。

五、誤想避難行為

行為人雖主觀的認為有避難行為的必要,而客觀上並無其情事者,其所為之避難即屬誤想避難行為 (錯覺避難),無法成立民法第 150 條之緊急避難。❻

六、舉證責任

避難行為人主張其行為係緊急避難者,應證明緊急避難之要件已具備。蓋避難行為所造成之損害可能構成侵權行為,惟如具備緊急避難之要件,則依法得阻卻其違法性,避難者即有免責之利益,主張利益者,自應負舉證之責。

七、緊急避難與正當防衛的異同

緊急避難與正當防衛之界限有時顯得相當模糊,尤其當緊急避難行為之範圍過於廣泛時,此種情形更為明顯。德國民法對於緊急避難之定義與我國有所不同,德國之緊急避難行為僅限於對物之毀損或破壞,其範圍乃

---

❻ 洪遜欣,《中國民法總則》,頁 676。
❻ 洪遜欣,《中國民法總則》,頁 679。

較為狹隘。因此，洪遜欣教授認為，關於緊急避難，各國立法例不盡一致。就緊急避難之範圍而言，我國民法第 150 條與刑法同，並不論行為人之侵害是否係對他人之財產抑或對其生命身體，行為人一律不負賠償責任。故現代民法上緊急避難觀念，以我國民法所訂者為最廣，其效果對行為人最為有利，其適用範圍如此之廣，等於不當強制第三人忍受重大之損害。所望立法者，亟謀修改我國民法該條規定。❻❷此項建議至今未被採納，可能是因我國學說與判例向來對於民法上的緊急避難與正當防衛較不注意有關。❻❸因此進一步區別正當防衛與緊急避難之異同，有助於此問題的釐清。正當防衛與緊急避難的相同點為同屬自衛行為的範疇。我國通說認為其相異點主要者如下：

1.行為性質的不同──正當防衛係屬於一種反擊的行為；緊急避難為一種逃避的行為。

2.侵害行為之來源不同──我國緊急避難制度的目的在於避免急迫危害，其**侵害行為不限於「人」的行為**，即使為動物行為，或事變造成的危險，均屬之；而正當防衛目的在排除他人不法的侵害，其**侵害行為必出於「人」的行為**。

3.保護的法益不同──我國**緊急避難得以保全之法益僅限於行為人自己或他人之生命、身體、自由及財產等四種權利**；而正當防衛所保全之法益則無此限制，**一切權利之保護皆為正當防衛所允許**。

4.主張的對象不同──緊急避難對於加害者或第三人均可實施；但正當防衛僅可對於侵害者實施反擊。

5.免責條件不同──緊急避難必須避難行為未逾越危險所能致之損害，方可免責；而正當防衛只要不逾越必要程度，對加害人所為之反擊行為究屬如何，均可免責。

6.法益是否須衡量之不同──緊急避難之避難行為係避免危險之唯一

---

❻❷　洪遜欣，《中國民法總則》，頁 680。

❻❸　王澤鑑教授謂：「關於正當防衛的民事判決較為少見」。王澤鑑，《民法總則》，頁 606。

方法，且所得避免之損害不得小於其所造成之損害，即必須衡量兩者之法
益之輕重；而正當防衛則無此限制。

　　7.理論之不同──緊急避難屬於放任行為；正當防衛則是一種權利行為。

　　8.緊急避難為「正對正」的關係；而正當防衛為「正對不正」的關係。

　　從上述的相異點似乎可以清楚區別緊急避難與正當防衛之界限，不過
正當防衛所要求的「不法侵害」與緊急避難所要求的「急迫之危險」兩概
念有時是重疊的，「急迫之危險」到底可不可以又分為「合法之急迫危險」
與「非法之急迫危險」？如果不能，則中性之「急迫危險」與「不法侵害」
就容易混淆，則緊急避難與正當防衛之界限就偶爾會顯出模糊。除此之外，
第 1 點所謂之「正當防衛係屬於一種反擊的行為；緊急避難為一種逃避的
行為。」似有問題，例如，甲的狼犬追逐乙，丙奪丁之傘擊退狼犬，此時丙
所做之行為並非逃避而是攻擊。第 5 點「緊急避難必須避難行為未逾越危
險所能致之損害，方可免責；而正當防衛只要不逾越必要程度，對加害人
所為之反擊行為究屬如何，均可免責。」也有問題，無論是正當防衛或緊急
避難都有過當而必須負責之規定，並非免責有所不同。第 7 點「緊急避難
屬於放任行為；正當防衛則是一種權利行為。」亦有問題，因為兩者既皆為
放任行為，也同時皆為權利行為，兩者均被稱為「防衛權」。

---

04 第四節　自助行為

一、意義與法律性質

　　我國民法第 151 條規定：「為保護自己之權利，對於他人之自由或財產
施以拘束、押收或毀損者，不負損害賠償之責。但以不及受法院或其他有
關機關援助，並非於其時為之，則請求權不得實行或其實行顯有困難者為
限」。根據此條文之規定，為保護自己之權利，對於他人之自由或財產，施
以拘束、押收或毀損者，稱之為自助行為。但必須權利人於時機緊迫且不

及受法院或其他有關機關援助，而且非於其時為之，則請求權不得實施或其實施顯有困難者為限。拘束他人之自由者，例如，餐廳暫時扣留白吃晚餐之顧客。押收他人之財產者，例如，債權人撞見未履行債務之債務人正擬隱匿財物，為保全自己債權而將該等財物運走。毀損他人之財產者，例如，刺破債務人之車胎，以防其逃亡或搬走財物。**❻❹**自助行為之法律性質為正（自己權利之保護）對不正（他人之侵害）之關係。

二、構成要件

(一) 須為保護自己之權利

　　自助行為與正當防衛或緊急避難主要不同者為：其所保護者僅為自己之權利，對於他人的權利不得為自助行為。自助行為只允許保護自己之權利而為，他人之權利縱有急迫而不及公力之救濟時，亦不得妄加干涉。**❻❺**所謂「自己」，包括權利人本人及就該被保全權利有管理權人在內。例如，權利人之法定代理人或委任代理人、失蹤人之財產管理人、遺囑執行人、破產管理人等所管理之權利，均為「自己權利」，而得為自助行為。所謂「權利」，在民法第 151 條之本文謂「權利」，而在但書謂「請求權」，二者涵義不盡相同，因此有學者謂：此處之權利係僅指適於強制執行之請求權為限，且請求權不得罹於時效。另有學者認為，凡一切得為強制執行之權利皆屬之，不以請求權為限。**❻❻**理論上雖然凡一切得為強制執行之權利皆屬自助行為之權利，但**實務上發生的案例主要是以請求權較為常見**。原則上債權、物權、親屬及繼承的請求權均得為自助行為之權利，且不以具有金錢價值者為限。不得訴請強制執行之權利如下：不得以私力扣留受僱人強制其服勞務、拘禁婚約當事人之他方強制其結婚、扣留配偶之他方強制其同居。

---

❻❹　黃立，《民法總則》，頁 507。

❻❺　黃棟培，《民法總則釋義》，頁 238，自刊，大同書局總經銷，1958 年 12 月再版。

❻❻　黃棟培，《民法總則釋義》，頁 238。

(二) 須不及受司法或其他有關機關之援助

　　私力救濟係在不能請求公力救濟及時保護權利時，例外的為法所許之權宜措施，自助行為既屬私力救濟的一種，自應僅在權利人不及受法院或其他有關機關之援助時，始得為之。

　　所謂不及受法院或其他有關機關之援助，乃指權利人非於其時受法院或其他機關之援助，**請求權即不得實行或實行顯有困難**而言。例如：出賣人將買賣之特定標的物再讓與第三人，則買受人受領該標的物之請求權即「不得實行」；債務人不為債之履行，而正擬捲款逃往國外，則債權人之請求權之「實行顯有困難」。所謂不及請求「法院」之急迫情形，應解釋為依民事訴訟法上之保全程序請求保全處分，亦不及保全其權利之謂。**「其他有關機關」**應指具有公安性質之機關，例如：派出所、警察局、機場航警、海關港警等有權阻止逃亡的機關而言。至於鄉鎮區公所、衛生局、郵政局、電信局等一般行政機關或業務機關，則不包括在內。

　　若欠缺「不及受法院或其他有關機關援助」之急迫要件而為自助行為，則有可能成立刑法上的犯罪行為，例如：恐嚇罪、竊盜罪及強制罪。

(三) 須非於其時為之，則請求權不得實行或其實行顯有困難之虞

　　是否具備此等情事，應就各種情形，依客觀之標準以為決定。如債務人正雇用車輛搬遷財物以隱匿其主要財產、債務人於餐廳白吃後離去或債務人正擬搭機逃往國外，如不於其時行使自助行為，則請求權不得實行或其實行顯有困難之虞。不過，**即使債務人具有無支付能力之虞，則尚不能認為請求權不得實行或其實行顯有困難之虞**，因此，如僅風聞債務人支付困難，債權人自行搬運債務人之財物，並不符合自助行為之要件。❻❼

---

❻❼　黃立，《民法總則》，頁 507。

三、手段——須依法定之方法為之

依我國民法之規定，自助行為僅能針對他人之自由及財產加以干涉，而針對他人之自由或財產干涉時，僅能施以拘束、押收或毀損等三種手段。**[68]對「人」之自助行為，以拘束義務人之自由為限。**「他人」指債務人而不及於債務人以外的第三人。之所以允許拘束義務人之自由，蓋恐義務人之逃匿，故對於債務人自由之拘束，以有逃亡之嫌時，始被允許。**[69]**例如：飲食店對於面生顧客食畢不付金錢，即欲逃跑者，加以拘束。**[70]對「物」之自助行為，以押收或毀損義務人之財產為限。**惟所謂押收，不以直接實施為限，請求法院以外之官署，停止義務人之處分行為，亦包括在內。例如請求土地登記機關，暫時停止債務人不動產物權之移轉或設定登記。**[71]**所以允許押收或毀損義務人之財產，蓋恐義務人將權利之標的或可供執行之財產隱匿之故。例如：出賣人欲隱匿其買賣標的物，而買受人加以押收，或對於將該物運往他處之卡車之輪胎加以毀損。**[72]但民事訴訟法禁止扣押之物，不得押收或毀損。**蓋依公權力尚不得扣押者，自不應許以私力為之。得押收或毀損之財產，以屬於義務人所有者為限。於金錢債權，得押收義務人之任何得扣押之財產；於返還請求權，只能押收義務人應交付之物。毀損行為，以適於防止權利變為不可能或顯有困難者為限，始得為之。**除了拘束、押收或毀損等三種手段以外，我國學者有主張第四種手段——排除債務人之抵抗，即債務人於抵抗自助行為時，權利人得排除之，**然以排除妨害所必要者為限。**[73]**此項自助行為之手段早為德國民法所承認，德國民法第 229 條規定：「以自助之目的，而押收破壞或毀損其物，或拘束有逃

[68] 黃立，《民法總則》，頁 506。

[69] 黃立，《民法總則》，頁 507。

[70] 鄭玉波、黃宗樂，《民法總則》，頁 447，三民書局，2003 年版。

[71] 楊與齡，《民法總則大意》，頁 160–161，五南圖書出版公司，1976 年版。

[72] 鄭玉波、黃宗樂，《民法總則》，頁 447–448。

[73] 黃立，《民法總則》，頁 508。

亡之虞之債務人，或對於有容忍義務之義務人除去其抵抗者，以不能於適當之時受官署之援助，且非於其時為之，則請求權不能實現，或顯有困難者為限，其行為不為違法」。

四、界限——不得逾越保全權利所必要之程度

至於應如何採取拘束、押收及毀損等各種方法，自助行為人應視實際情形為之，不過，絕對不能超過其範圍，例如：不可傷害人之身體。亦不得逾越必要之程度。例如：**押收可達目的者，即不得毀損，毀損財產已足者，即不得拘束人之自由。**❼德國民法第 230 條規定：「自助行為不得超過防止行為的必要限度」，我國民法雖無明文規定自助行為之此一要件，但解釋上，自助行為仍不得逾越保全權利所必要之程度。尤其應注意的是，自助行為必須依法定的法式為之，即僅可採「拘束、押收及毀損」等三種方式進行自助行為。超過這三種方式即不得主張合法之自助行為，例如，殺人、傷人皆已超過自助行為之範圍。除不得超出其範圍外，亦不得逾越必要之程度。例如，押收一物即可保全權利者，不得押收他物；押收財產即可保全權利者，不得押收他物；押收財產即可保全權利者，不得拘束義務人之自由，或毀損其財產。

五、自助行為人的義務——即時向法院聲請處理

依我國民法第 152 條之規定，自助行為人於拘束義務人之自由或押收其財產後，有即時向法院聲請處理之義務。此一規定之理由乃因自助行為對行為人而言，乃屬權利行為，故對抗自助行為之人，不構成正當防衛。但因自助行為僅屬臨時性之權宜措施，以自力拘束義務人之自由，或押收其財產，僅有暫時防止權利陷於不能實現或顯有困境之功用而已。且因關於私權之爭執及自助行為留下之問題，均有待法院處理。為保護義務人，自不許自助行為人長期拘束他人之自由或押收他人之財產，故有及時聲請法院處理之義務。

❼　鄭玉波、黃宗樂，《民法總則》，頁 448。

不過，我國民法並未對如何向法院聲請做進一步的規定。德國民法則有較詳細的規定，德國民法第 230 條規定：「為物之押收者，如不為強制執行，應為其物假扣押之聲請。拘束義務人身體之自由者，如不恢復其自由，應於實施拘束地之處向法院為人的保全假扣押之聲請，並應盡速將義務人移送法院。聲請遲延或被聲請駁回時，應速返還押收物，釋放被拘束之人」。

六、法律效果

根據我國民法第 152 條之規定，自助行為為法所不禁，故其違法性因之阻卻，不構成侵權行為，行為人對義務人不負損害賠償責任。不過，因自助行為必須於行為後立即向法院提出聲請，依我國民法第 152 條之規定：「前項聲請被駁回或聲請遲延者，行為人應負損害賠償之責」。由此可知，是否符合自助行為之要件由法院來認定，法院認為不符合自助行為者，將駁回其聲請。且將聲請遲延者與駁回聲請同列必須負損害賠償責任。

七、誤想自助行為

如債權人誤以為具備自助行為之要件（其實不具備）而作出自助行為，被稱為誤想自助行為。於此種情形，行為人必須對受害人負損害賠償責任。[75]

八、舉證責任

自助行為人主張其行為係合乎自助行為要件者，自應證明自助行為要件已具備。蓋自助行為對他人之自由、財產加以侵害，構成侵權行為，惟如具備自助行為之要件，則依法得阻卻其違法性，自助行為者即有免責之利益，主張利益者，自應負舉證之責。因此，自助行為要件是否符合，其舉證責任應由自助行為人負責。[76]

---

[75] 黃立，《民法總則》，頁 508。
[76] 黃立，《民法總則》，頁 509。

九、民法總則編以外的自助行為

民法總則編關於自助行為之規定，乃一般性之規定，此外，於債編第445條、第447條（出租人之留置權）、第612條（旅店主人之留置權）、物權編第791條（土地所有人之留置權）、第797條（土地所有人越界刈除權）、第960條（占有人之防禦權及取回權）等規定，亦皆具有自助行為之性質，應一併注意之。**⑦**

十、自助行為與自衛行為的區別

(一) 目的不同

自衛行為得為自己或他人之權利而行為；自助行為以自己之權利為限而行為。自衛行為係保護權利之存在，故得為自己或他人之權利。自助行為係保護自己請求權利之實現，不為自助行為，請求權利並不失其存在，僅實行發生困難，故以自己之權利為限。

(二) 手段不同

自衛行為的手段法律沒有特別的限制；自助行為則有特定的限制。自助行為以對於義務人之自由或財產施以拘束、押收或毀損為限。

(三) 所保護之權利不同

自助行為所保護之權利以請求權為限，而自衛行為所保護者，則不以請求權為限。

(四) 應否聲請官署援助不同

自衛行為無須聲請官署援助之規定；自助行為須即時向官署聲請處理。

---

⑦ 史尚寬，〈民法上之自助行為〉，頁 966–972，收錄於《民法總則論文選集》，頁 957–972，五南圖書出版公司，1984 年 7 月初版。

自助行為如拘束他人自由或押收人財產者，行為後須即時向法院聲請處理。❼⑧

04 第五節　案例研究

案例一

　　聖潔天主教大學法律系與神學系的幾位學生看到張閣樓先生在火車站前擺攤出售色情書刊，這幾個學生乃勸告張閣樓先生謂：「這裡是公共場所，在此地出售色情刊物是不法、不道德的行為，請立刻搬離」，張閣樓先生不肯，這幾個學生遂強行取走書刊，損毀其書攤，張閣樓先生乃向法院起訴，請求損害賠償。試問：這幾位學生可以主張正當防衛而免於損害賠償嗎？

➜ 解　答

　　此一案例為德國聯邦法院之判決，德國聯邦法院認為正當防衛不能成立，並特別指出個人人格雖為憲法所保障，人民的道德價值亦應受尊重，但此並不表示每一個公民於他人從事背於善良風俗或違反刑法的行為時，皆得採自衛的方式加以排除。本案中被告採攻擊行為，使公益成為私事，使自己成為維護道德及社會秩序的檢察官，此種行為不受憲法所保障，也不受到民法的保護。在一個法治國家，維護公益之事乃國家的職務，不能借助私力救濟。❼⑨

案例二

　　有一天林彥志逛街時被一隻瘋狗追咬，在不得已的情況下想躲進路旁蔡宜真的家裡，但因門被鎖住，林彥志乃用腳踢開房門。試問：蔡宜

---

⑱　劉春堂，《判解民法總則》，頁 199，三民書局，1993 年版。

⑲　王澤鑑，《民法總則》，頁 608。

真可向林彥志請求賠償嗎?

➡ 解 答

蔡宜真可向林彥志請求賠償的請求權基礎為侵權行為損害賠償請求權,不過林彥志可以用緊急避難作為抗辯。

緊急避難的主張受到嚴格的條件限制,只有同時具備了以下條件,才是合法有效的:㈠必須是為了避免本人或他人的生命、身體、自由或財產遭遇到急迫之危險。林彥志被瘋狗追咬是迫在眉睫的危險,所以急迫之危險之存在是可以肯定的。㈡這種避難行為是必要的且未達避難過當的程度。亦即這種行為在當時是在別無選擇之下,不犧牲一個合法利益就不能保護另一個合法利益,不得已而採取的緊急行為。林彥志的生命、身體顯然超出一個門的價值,所以這個要件也是符合的。㈢接下來還必須考慮是否有避難過當的問題,我國民法第 150 條第 1 項但書規定:「但以避免危險所必要,並未逾越危險所能致之損害程度者為限」。從本案的事實看來,並沒有避難過當的情形。綜上所述,林彥志可主張緊急避難,不負任何的賠償責任。但本書認為此種結論並不妥當,因會造成所有權人必須無故忍受損失。德國民法為平衡緊急避難制度與所有權人之利益,創造出所謂的攻擊性緊急避難,即所有權人有義務忍受緊急避難人使用其所有物,但如造成損害仍必須負損害賠償之責。

案例三

有一天黃申志駕駛砂石車行駛於南投鄉間公路途中,遇張育誠騎乘摩托車突然衝了過來,黃申志便急打方向盤避讓,否則很可能撞死張育誠,結果撞倒路邊一農舍的圍牆,將圍牆內一老農民莊笑撞傷,黃申志乃立刻將老農民送往南投醫院治療,花費醫療費五萬元。另修復圍牆也花費三萬元。試問:老農民莊笑可否向黃申志請求醫療費五萬元及修復圍牆花費三萬元? 張育誠需不需要承擔責任?

➔ 解 答

　　本案中老農民莊笑顯然受到了權利的侵害，他的身體受傷了，他家的圍牆也倒了，並耗費他總共八萬元支出醫療費及修復圍牆的費用，他是可以向黃申志依侵權行為請求損害賠償的。問題是黃申志可以緊急避難作為抗辯，因我國民法第150條規定：「因避免自己或他人生命、身體、自由或財產上急迫之危險所為之行為，不負損害賠償之責」。因此，假如黃申志的行為符合緊急避難的構成要件，將使得莊笑的請求歸於落空。緊急避難受嚴格的條件限制，只有同時具備了以下條件，才是合法有效的：一、必須是為了避免本人或他人的生命、身體、自由或財產遭遇到急迫之危險。張育誠騎乘摩托車突然衝了過來，黃申志如果不打方向盤避讓，很有可能撞死或撞傷張育誠，這時的危險迫在眉睫，對法律所保護的權益已直接構成了威脅，所以急迫之危險之存在是可以肯定的。二、這種避難行為是必要的。亦即這種行為在當時是在別無選擇之下，不犧牲一個合法利益就不能保護另一個合法利益，不得已而採取的緊急行為。三、接下來還必須考慮是否有避難過當的問題。我國民法第150條第1項但書規定：「但以避免危險所必要，並未逾越危險所能致之損害程度者為限」。從本案的事實看來，急打方向盤避開危險是必要的，在法益衡量上，如果只撞倒牆壁而能避免張育誠之生命或身體受到傷害，這個避難行為應是有價值的行為。問題是在本案中不僅撞倒圍牆，另外還撞傷老農民莊笑，按緊急避難之一般理論，所造成的損失，必須小於被保護的利益，即避難行為不能超過一定的限制，否則就要負避難過當的責任。綜上所述，黃申志的緊急避難行為過當，仍應負損害賠償之責。不過，我國民法第150條第2項規定：「前項情形，其危險之發生，如行為人有責任者，應負損害賠償之責」。此條文中之行為人一般是指緊急避難之行為人，但在此應做擴張之解釋，這裡的行為人應該也包含引起危險的行為人，就本案而言，是因張育誠的行為才造成撞牆、傷人，所以張育誠是引起危險發生的行為人，所以也應負損害賠償之責。依本書之見解，應由黃申志與張育誠共同負損害賠償之責，而且應該由張育誠負擔較重的責任。

案例四

張教華是研究所即將畢業的研究生，某日邀請同學們到「生來餐廳」用餐。席間，張教華以飯菜似乎煮得不熟，痛斥餐廳服務人員。張教華等人用完餐後，未結帳就想離去。餐廳老闆見狀跑出來與張教華理論。張教華謂：「飯菜沒煮熟還要付錢嗎?」隨即衝出餐廳大門，老闆見狀亦追出，拉扯中取下張教華之手錶以抵餐費，不料該名貴手錶被扯下來後掉在地上摔壞了。試問：張教華可以向餐廳老闆請求損害賠償嗎?

➡ 解 答

於此一案例中，張教華向餐廳老闆請求損害賠償的請求權基礎為侵權行為損害賠償請求權（民法第 184 條），因為從案例事實中得知，張教華的名貴手錶是被餐廳老闆扯下來後掉在地上摔壞的。不過餐廳老闆可主張他是在行使法律所許可的「自助行為」以資抗辯。我國民法第 151 條規定：「為保護自己權利，對於他人之自由或財產施以拘束、押收或毀損者，不負損害賠償責任。但以不及受法院或其他有關機關援助，並非於其時為之，則請求權不得實行或其實行顯有困難者為限」，在本案中，張教華用完餐後尚未付款，則餐廳老闆對其有餐費的請求權，此一請求權顯然在當時已有難以實行之可能，因為張教華曾謂：「飯菜沒煮熟還要付錢嗎?」且真的未付帳就衝出餐廳準備離去，該時餐廳老闆如果不追出索討，其債權請求權將無法確保，以當時的緊急狀況而言，實在是來不及請員警過來處理，對餐廳老闆而言，能夠扣押張教華的物品以抵餐費可能是比較實際的作法，所以餐廳老闆取下張教華之手錶以抵餐費應可符合「自助行為」之要件。

本案之結論本來應該很清楚是：餐廳老闆取下張教華之手錶以抵餐費符合「自助行為」之規定，張教華不可以向餐廳老闆請求損害賠償。問題是假如該名貴手錶值百萬以上，而餐費只不過是二千元而已，在這種情況之下，對於張教華而言就顯不公平。為衡平起見，在處理此種比較極端的案例時，就必須還要考量是否有「權利濫用」的問題，即在行使「自助行

為」時，雖根據民法的規定可以「對於他人之自由或財產施以拘束、押收或毀損」，但在行使這些手段時也應符合比例原則，符合比例原則是指可以對較小的權益實施強制而保護較大的權益，例如一千元的餐費未付，就將客人載在手上的百萬鑽戒強力取下，是不符比例原則的。據上所述，本案張教華可以向餐廳老闆請求損害賠償，不過其可求償的金額應大打折扣。

附　錄

綜合案例研究

案例 A

　　和興米廠賣給義民商店一百包二十公斤裝的高級米。和興米廠的員工在約定時間將這些高級米送達義民商店。當該員工卸下所有的米之後，卻發現只有九十九包。試問：義民商店是否可不受領這九十九包米？而要求和興米廠的員工運回這九十九包米？

➡ 解　答

　　如果考慮到債務人的地位以及債權人自己的利益，可以合理期待債權人接受部分履行的情形，除非債權人有必要受到特別的保護，否則債權人不能拒絕債務人極為短少的遲延履行，本案例中，和興米廠可能因過失致使只能先交付九十九包米，一包必須遲延履行，義民商店不能拒絕一包米的遲延履行。如果義民商店不但拒絕受領九十九包米而且還要求和興米廠的員工運回這九十九包米，將會給和興米廠帶來不必要的不方便，這種情形顯然就是欠缺正當利益之權利行使而被認為屬於權利濫用。不過，和興米廠有義務在當天送達最後一包米。

案例 B

　　王德凱把昂貴的重型機車借給陳耀武，以供陳耀武從週四到下週一之旅遊。不幸的是，星期五早上，陳耀武扭傷了手腕，在一個月內根本不能再騎重型機車，於是陳耀武取消了這次旅遊。星期六王德凱聽到這件事，就前往陳耀武的住處探訪，但沒有遇見他。當他正要離開時，在庭院看到他心愛的重型機車，當下就決定取回機車，因為他認為，機車目前對陳耀武已經完全沒有意義了。他留下了紙條告訴陳耀武這件事。

幾小時後，陳耀武回來看到了紙條，對於王德凱這種專橫的作法感到憤怒，於是打電話要求王德凱將重型機車還給他，並由他保存到週一，但被王德凱拒絕了。試問：陳耀武可否向王德凱主張機車保留到週一？

➡ 解　答

根據使用借貸契約之規定，陳耀武可以主張將重型機車保留至週一。但是此一主張可能有權利濫用之嫌，因為即使陳耀武可以將重型機車保留至週一，陳耀武只能在所剩無幾的時間占有該車，而且其占有該車之剩餘時間也根本毫無用途，因此，對於主張交還的陳耀武而言，實無任何值得保護的合理利益，陳耀武的主張顯然屬於權利濫用。

案例 C

吳曉慧為了開一間「85 度 C」咖啡店乃向陳怡君租了房子，租金為每個月十萬元。根據契約之記載，如果吳曉慧連續兩個月沒有支付租金，陳怡君就可以向吳曉慧終止契約。幾個月以後，吳曉慧由於經營得不好而付不出一個月的租金，又經過一個月以後，吳曉慧好不容易才籌到二十萬元。但是當吳曉慧將二十萬元交付給陳怡君時，已超出約定時間兩天。試問：陳怡君可以對吳曉慧終止租賃契約嗎？

➡ 解　答

如果租金的遲延非常的短，而租賃關係已持續很長的時間，此時終止契約就會與誠實信用原則相違背，屬於違反誠信原則之權利濫用。另外，根據「比例原則」之精神在私法上的運用，如果一方只是輕微的違約，將不應導致過分的法律效果。本案中之情形，租賃關係雖然並沒有持續很長的時間，但因租金的遲延時間只是很短的兩天，如果租賃契約繼續存在對吳曉慧非常重要，例如開一間「85 度 C」必須投入相當多的資本（至少數百萬），終止契約將對吳曉慧造成極大的損害，但對陳怡君所得到的利益極小或甚至根本無利益可言，故陳怡君若對吳曉慧終止租賃契約應可歸類為

屬於違反誠實信用原則之權利濫用。

案例 D

富豪貿易公司委請富貴營造公司建造一倉庫。根據合約,在完工後,富豪貿易公司將指定一名職員負責驗收工程是否合乎品質要求。而在富貴營造公司之工程得到富豪貿易公司這名職員驗收之前,富豪貿易公司有權拒絕付款。倉庫建好之後,該職員檢驗完畢後卻不予認可,理由是牆壁上出現兩道裂痕,不過這兩道裂痕並不影響倉庫的使用,而且不仔細看也不大看得出來牆壁上有兩道裂痕。試問:富豪貿易公司是否有權拒絕付款?

➡ 解 答

合約雖然規定由富豪貿易公司指定一名職員負責驗收工程是否合乎品質要求,但是該指定如果顯失公平,該合約對於雙方當事人的拘束力就會受到質疑。雖然從形式上而言,富豪貿易公司所指定職員並非締約方,應當被認為屬於第三方,但是實質上,他是與富豪貿易公司身處同一陣營,比較容易偏袒富豪貿易公司,因此此一承攬契約存在不公平的情形。另外,牆壁上出現兩道裂痕並不影響倉庫的使用且幾乎不容易被發現,顯示出對於工程品質的不被認可除了顯失公平外,還有不成比例的情形。

案例 E

臺灣化學製藥股份有限公司是一家生產農用化肥公司,陳興農是種植西瓜的農夫,直接向臺灣化學製藥股份有限公司購買某一種農藥,用於其所種植的西瓜。由於該農藥含有很高的鹽分,從而導致西瓜枯萎。經過專家的鑑定,如果臺灣化學製藥股份有限公司事先告知陳興農在施肥的時候應給西瓜大量澆水,西瓜就不致枯萎。試問:陳興農可向臺灣化學製藥股份有限公司請求賠償嗎?

➡解 答

　　本案中，臺灣化學製藥股份有限公司作為製藥公司應該知道施肥所可能帶來的具體風險，農夫陳興農對此一農藥的使用可能欠缺專門知識，因此臺灣化學製藥股份有限公司有告知陳興農施肥時須大量澆水的義務。這種告知的義務是一種附隨義務，附隨義務的產生源自於誠實信用原則。今臺灣化學製藥股份有限公司違反該項義務造成西瓜枯萎，陳興農可向臺灣化學製藥股份有限公司請求賠償消極利益損失（即已枯萎西瓜的損失）。如果該化肥有瑕疵，例如即使大量澆水，西瓜仍會枯萎，則陳興農也可根據積極侵害債權請求損害賠償。

案例 F

　　張天助是華南銀行多年的存款客戶，有一天張天助發現到他的銀行帳戶多出了六十萬元。張天助認為這一定是銀行的誤付造成的。試問：張天助有無義務告知華南銀行誤付之事？

➡解 答

　　銀行和客戶之間所定立的契約使彼此有告知的附隨義務。在本案中華南銀行誤付六十萬元給張天助，如果張天助不將誤付情形告知華南銀行，並返還六十萬元，將使華南銀行受到損失，因此，根據誠實信用原則，張天助有義務告知華南銀行誤付之事，使雙方的利益達到平衡。

案例 G

　　王勇夫手持一把尖刀，深夜前往超商假裝購物，進入店內發現當時超商中只有一位店員吳斯文在當班，王勇夫用刀要脅吳斯文交出店內財物，吳斯文不為所動，沒有交付財物給他，王勇夫竟然用刀砍傷吳斯文肩膀，吳斯文因流血不止，趕緊找一塊布包紮，王勇夫趁機從櫃檯搶走一把鈔票。吳斯文不知道哪裡來的勇氣，跳過櫃檯，捨命與王勇夫進行

搏鬥，王勇夫打不過吳斯文，便奪門而逃，在店門口跨上自己騎來的機車想逃走的時候，吳斯文已隨後趕到，將他攔腰抱住，口中還大喊：「搶劫，殺人！」一位民眾聽到後，除了馬上報警以外，還趕來協助逮捕兇徒。這時王勇夫已與吳斯文翻滾在地，雙方發生激烈扭打，身材較為瘦小的王勇夫已被吳斯文壓制在地，手上的尖刀則被踢開在旁，警方趕到時發覺王勇夫頭部已經受傷，便將兩人緊急送醫救治。後來王勇夫因頭部嚴重剉傷，導致出血死亡。試問：王勇夫的母親可否以吳斯文殺死其兒子，對他提出傷害致死的刑事告訴以及要求損害賠償新臺幣三百萬元？

➡ 解 答

在法律上，人的生命法益是由刑法來保護，我國刑法中設有殺人罪的專章，不論是故意殺人或者過失殺人，都有處罰的明文。所以戕害他人的生命，是法律所不允許的不法行為。既然殺人是不法行為，一個人不論出於殺人的故意或者是過失，因而奪走了他人的生命，被害人的父、母、子、女以及他的配偶，雖然沒有受到財產上的損失，也可依民法第 194 條的規定，請求加害人賠償相當的金額。所謂的「相當的金額」，是指「精神慰撫金」。根據上述規定，兒子的生命被人剝奪，母親是可以向加害人請求賠償精神慰撫金。王勇夫的母親是可能得到損害賠償的，除非吳斯文的行為可以阻卻責任。

根據本案例之案情，由於吳斯文開始受到現時不法之侵害，亦即正在被搶劫又被砍傷時，當然可實施正當防衛。但是後來王勇夫想騎機車逃跑時，是否仍可認為有正當防衛的理由？值得進一步探討，一般認為，如果不法侵害已成過去者或尚未到來，都不可以主張正當防衛。例如，如果竊賊扔掉了他的贓物，自己逃跑了，這時他的侵害行為就結束了，因而正當防衛的情況也就不存在了。如果侵害人放棄侵害，則繼續的自衛行為也就沒有理由了。在本案，王勇夫搶走一把鈔票逃走，並不能視為侵害行為已結束。吳斯文如果不與王勇夫搏鬥，他不僅會喪失財物，而且可能喪失生命，因此吳斯文的行為應該符合民法第 149 條正當防衛的構成要件，係屬

正當防衛。進一步應檢討者為：吳斯文的行為是否有防衛過當的情形？根據案情，由於在打鬥過程當中，王勇夫手上的尖刀被踢開在旁，王勇夫頭部撞擊地面或者是撞擊貨架導致出血死亡。另外，從吳斯文在死者的尖刀威脅下，其已很難清楚判斷如何適度防衛，因此難認為是防衛過當。既然吳斯文的行為屬正當防衛且未有防衛過當之情形，則王勇夫母親所提的損害賠償將會落空。因為此與民法第194條中「不法侵害他人致死」的要件中所強調的「不法」不符合。

案例 H

有一天夜晚劉曉燕在公園裡遇到一位身材高大青年陳正強，陳正強欲搶奪劉曉燕之腳踏車，劉曉燕經過一番掙扎終於擺脫，趕緊騎車逃至最近一農戶家，該農戶家只有母女二人在家，劉曉燕將其剛剛的遭遇告訴母女二人，主人收留她並安排她與這戶人家的女兒一起住。而劉曉燕借宿之處正是陳正強的家，半夜陳正強也回到了家，看到停在院裡的腳踏車正是剛才欲劫的腳踏車，於是問母親腳踏車是誰的，母親據實以告，在證實了自己的猜想後又問母親來客睡覺的位置，其母告之。陳正強於是拿了尖刀來到臥室朝睡在外側的人的脖子砍了一刀。而劉曉燕在這之前已經聽到了陳正強母子的對話和陳正強取尖刀的動靜，在不得已的情況下把自己和陳正強妹妹的位置換了，陳正強妹妹對此一無所知，因此，陳正強將自己的妹妹殺成重傷，在醫院治療了三個月才返家繼續療養。試問：陳正強的妹妹可否向劉曉燕請求賠償？

解 答

本案中劉曉燕是否必須賠償的關鍵是：她的行為是否符合緊急避難的要件。如果是肯定的，根據民法第150條的規定，就可以不負損害賠償之責。劉曉燕在陳正強行動之前已經聽到了陳正強母子的對話和陳正強取尖刀的動靜，亦即劉曉燕面臨來自罪犯的急迫的現實危險，這種危險是會危害到她自己的生命或身體的安全，依當時的客觀情況她實在別無選擇，只

能採行以犧牲陳正強妹妹的生命來保全自己生命這一行為，否則自己將成為被害人。或有人以為，在當時的情況之下，劉曉燕或許可以選擇逃跑的方法以避免危險，但是以臥室之範圍的大小可推知仍會被追殺，逃跑無法避免危險之侵害。劉曉燕的這種行為實在有其必要性。比較有疑問的是其行為是否過當的問題。通常考量緊急避難是否過當就是要考量法益衡量的問題，在本案中，是以犧牲另一個人的生命、身體來保全另一個人的生命、身體。對於兩法益如果是等值的情形，有認為因違反倫理道德，所以屬避難過當。但本書以為，法律不強求任何人履行不可能期待履行的事項。根據當時的客觀情況以及劉曉燕的主觀的、個人的事實，以一般人為標準，完全可以判斷劉曉燕不可能採取其他合法行為，那麼法律就不應要求其採取其他合法行為，即使其沒有採取合法行為而採取了禁止行為，也不應追究其法律責任。任何人沒有理由要求劉曉燕選擇死亡或受傷，也沒有理由讓已獲生存的劉曉燕承擔刑事與民事責任，否則對她太不公平。❶

---

❶ 成月華，〈論緊急時無法律〉，頁 106–107，收錄於《湖北廣播電視大學學報》，2005 年 5 月。

|參考文獻|

一、中文書籍

1. 丁世榮，《禁止權利濫用原則的研究——以法韓中的立法為中心》。對外經濟貿易大學碩士論文，2006 年。

2. 山本敬三，《民法講義 I——總則》，解亙譯。北京大學出版社，2004 年。

3. 于海申，《情事變更研究》。瀋陽師範大學碩士論文，2007 年。

4. 王伯琦，《民法總則》。國立編譯館，1968 年版。

5. 王伯琦，《民法總則》。國立編譯館，1987 年 10 月臺初版第 13 次印行。

6. 王俊豔，《誠實信用原則與契約法》。河南大學碩士論文，2007 年。

7. 王澤鑑，〈誠信原則僅適用於債之關係?〉，《民法學說與判例研究(一)》。1983 年 4 月 7 版。

8. 王澤鑑，〈締約上之過失〉，《民法學說與判例研究(一)》。1983 年 4 月 7 版。

9. 王澤鑑，〈債之關係的結構分析〉，《民法學說與判例研究(四)》。1992 年 9 月 7 版。

10. 王澤鑑，〈定型化旅行契約的司法控制〉，《民法學說與判例研究(七)》。1998 年 9 月版。

11. 王澤鑑，《民法總則》。三民書局總經銷，2003 年版。

12. 尹鴻翔，《論契約自由原則》。廣西大學碩士論文，2003 年。

13. 史尚寬，《民法總論》。自刊，1970 年 11 月臺初版。

14. 史尚寬，《債法總論》。自刊，1972 年 3 月臺北 2 刷。

15. 史尚寬，〈民法上之自助行為〉，《民法總則論文選集》。五南圖書出版公司，1984 年 7 月初版。

16. 史尚寬，《民法總論》。中國政法大學出版社，2000 年版。

17. 史尚寬，《債法總論》。中國政法大學出版社，2000 年版。

18. 朱玉川，《論禁止權利濫用原則》。西南政法大學碩士論文，2005 年。

19. 何孝元，《誠實信用原則與衡平法》。三民書局，1992 年版。

20. 何培生，《民法總則詳論》。自刊，1960 年 9 月初版。

21. 李昕，《法律倫理學視野中的民法誠信原則》。南京理工大學碩士論文，2005 年。

22. 李宜琛，《民法總則》。自刊，1963 年 3 月臺 5 版。

23. 李斌，《有關合同法中顯失公平規則的探討》。對外經濟貿易大學碩士論文，2000 年。

24. 李模，《民法總則之理論與實用》。自刊，1992 年 6 月修訂版。

25. 杜景林、盧諶，《德國債法改革》。法律出版社，2003 年 2 月第 1 版。

26. 吳獻金，《誠實信用原則源流變》。西南政法大學碩士論文，2005 年。

27. 武憶舟，《民法總則》。自刊，三民書局總經銷，1985 年 10 月修訂版。

28. 周金芳，〈論民法之正當防衛〉，《民法總則爭議問題研究》。五南圖書出版公司，1998 年 10 月初版 1 刷。

29. 周晗爍，《論合同自由與限制》。華東政法大學碩士論文，2006 年。

30. 拉倫茲，《德國民法通論》，王曉曄等譯。法律出版社，2005 年 5 月第 3 次印刷。

31. 拉德布魯赫，《法學導論》，米健、朱林譯。中國大百科全書出版社，1997 年版。

32. 林大洋，《民法概要》。大偉書局，1998 年 9 月修訂 11 版。

33. 林山田，《刑法通論》。自刊，1985 年版。

34. 林秀雄，《繼承法講義》。元照出版社，2005 年出版第 2 刷。

35. 林誠二，〈論誠實信用原則與權利濫用禁止原則之機能〉，《民法理論與問題研究》。瑞興圖書股份有限公司，1991 年 7 月初版。

36. 林誠二，《民法總則講義》。瑞興圖書股份有限公司，1995 年版。

37. 林榮耀，〈情事變更原則之理論與實際〉，《民法債編論文選輯》。1984 年 7 月初版。

38. 林榮龍，《誠實信用原則在民法解釋學上功能之探討》。中國文化大學碩士論文，1992 年。

39. 林麗真，〈緊急避難之要件與責任〉，《民法總則爭議問題研究》。五南圖書出版公司，1998 年 10 月初版 1 刷。

40. 胡長清，《中國民法債編總論》。臺灣商務印書館，57 年 6 月臺 2 版。

41. 施啟揚，《民法總則》。三民書局總經銷，2001 年版。

42. 姚志明，《誠信原則與附隨義務之研究》。元照出版公司，2003 年 2 月初版第 1 刷。

43. 迪特爾・梅迪庫斯，《德國民法總論》，邵建東譯。法律出版社，2006 年 2 月第 3 次印刷。

44. 洪遜欣，《中國民法總則》。自刊，三民書局總經銷，1964 年 10 月 3 版。

45. 洪兵，《論誠實信用原則的修正功能》。西南政法大學碩士論文，2007 年。

46. 馬海燕，《情事變更原則研究》。山東大學碩士論文，2005 年。

47. 徐世芳，《民法誠實信用原則與和諧社會》。黑龍江大學碩士論文，2007 年。

48. 徐國棟，《民法基本原則解釋》。中國政法大學出版社，1992 年版、2004 年 9 月增刪版。

49. 孫文愷，《社會學法學》。法律出版社，2005 年 10 月第 1 版。

50. 孫憲忠，《民法總論》。社會科學文獻出版社，2004 年 11 月版。

51. 孫森焱，〈公序良俗與誠信原則〉，《民法總則爭議問題研究》。1998 年 10 月初 1 版。

52. 孫森焱，《新版民法債編總論（下冊）》。三民書局總經銷，2004 年 1 月修訂版。

53. 陶德斌，《定型化契約條款與誠實信用原則》。成功大學碩士論文，2003 年。

54. 梅仲協，《民法要義》。中國政法大學出版社，2004 年版。

55. 凌琳，《以公共利益限制物權的法理和制度研究》。中南大學碩士論文，2007 年。

56. 陳銑雄，《民法總則新論》。三民書局總經銷，1982 年版。

57. 陳仕遠，《論附隨義務》。西南政法大學碩士論文，2004 年。

58. 陳慶，《論債權人的撤銷權》。西南政法大學碩士論文，2006 年。

59. 張新寶，《民事活動基本原則》。法律出版社，1986 年版。

60. 張詢書，《格式條款效力規制之研究》。西南政法大學碩士論文，2002 年。

61. 梁慧星，《民法解釋學》。中國政法大學出版社，2003 年 11 月第 4 次印刷。

62. 覃興盛，《論法律行為制度的價值取向》。廣西大學碩士論文，2000 年。

63. 黃立，《民法總則》。元照出版公司，1999 年 10 月 2 版 1 刷。

64. 黃村力，《民法總則新論》。三民書局，1994 年 3 月初版。

65. 黃茂榮，《民法總則》。自刊，1982 年增訂 2 版。

66. 黃棟培，《民法總則釋義》。自刊，大同書局總經銷，1958 年 12 月再版。

67. 楊仁壽，《法學方法論》。三民書局總經銷，1994 年 1 月版。

68. 楊敏華，《民法總則大意》。五南圖書出版公司，2003 年版。

69. 楊與齡，《民法總則大意》。五南圖書出版公司，1976 年版。

70. 熊海昌，《民法誠實信用之研究》。對外經濟貿易大學碩士論文，2003 年。

71. 趙偉,《誠實信用原則研究——以合同法為基礎》。山東大學碩士論文,2006 年。

72. 趙萬一,《民法的倫理分析》。五南圖書出版公司,2005 年 5 月初 1 版。

73. 趙箏,《情事變更原則之比較研究》。鄭州大學碩士論文,2006 年。

74. 劉洪文,《誠實信用原則在我國民事訴訟法中的確立》。南京師範大學碩士論文,2002 年。

75. 劉春堂,《判解民法總則》。三民書局,1993 年版。

76. 劉清景,《民法總則》。學知出版社,1996 年 11 月初 2 版。

77. 劉雪筠,《權利濫用之研究》。臺灣大學碩士論文,1998 年。

78. 劉得寬,《民法總則》。五南圖書出版公司,2004 年 9 月 4 版 1 刷。

79. 諸葛魯,〈論民法上權利之行使〉,《民法總則論文輯(下)》。1984 年 7 月初版。

80. 蔡章麟,〈債權契約與誠實信用原則〉,《中國法學集》。漢林出版社,1976 年。

81. 蔡章麟,〈私法上誠實信用原則及其運用〉,《民法總則論文選集》。五南圖書出版公司,1984 年 7 月初版。

82. 歐衡豐,《論合同附隨義務》。對外經濟貿易大學碩士論文,2005 年。

83. 蔣立軍,《權利失效制度之研究》。對外經濟貿易大學碩士論文,2007 年。

84. 鄭玉波,〈權利濫用之研究〉,《民商法問題研究(一)》。1984 年 7 月初版。

85. 鄭玉波,〈論所有權社會化〉,《民商法問題研究(二)》(臺大法學叢書十九)。1984 年 12 月 3 版。

86. 鄭玉波、黃宗樂,《民法總則》。三民書局,2003 年版。

87. 魏思奇,《合同附隨義務研究》。東華政法大學碩士論文,2007 年。

二、中文期刊

1. 刁勝先,〈誠信原則的本質探討及在我國民法中的地位〉,《重慶郵電學院學報》(社會科學版)第 2 期,2002 年。

2. 王太平、盛勁松,〈權利與權利失效〉,《南華大學學報》(社會科學版),2005 年。

3. 王冬梅,〈論善意取得制度中的善意標準〉,《華東交通大學學報》,2003 年 6 月。

4. 王忠誠、馬江領,〈成文法的局限性與法官的司法對策〉,《中國地質大學學報》(社會科學版),2006 年 7 月。

5. 王豔玲,〈關於民法中確立禁止權利濫用原則的思考〉,《河北法學》,2006 年

7 月。

6. 石佑啟，〈論公共利益與私有財產權保護〉，《法學論壇》，2006 年 11 月。

7. 朱岩，〈民法典一般條款研究〉，《月旦法學雜誌》第 7 期，2005 年。

8. 成月華，〈論緊急時無法律〉，《湖北廣播電視大學學報》，2005 年 5 月。

9. 李其文、胡俊文，〈淺議締約過失責任的性質〉，《經濟師》第 1 期，2007 年。

10. 李茂軍，〈論民商法誠信原則之法理特徵〉，《陝西青年幹部學院學報》第 2 期，2003 年。

11. 李霞，〈附隨義務探析〉，《邵陽學院學報》（社會科學版），2006 年 12 月。

12. 孟勤國，〈質疑帝王條款〉，《法學評論》第 2 期，2000 年。

13. 房宇，〈論禁止權利濫用原則〉，《遼寧行政學院學報》第 5 期，2006 年。

14. 林誠二，〈再論誠實信用原則與權利濫用禁止原則之機能〉，《臺灣本土法學雜誌》第 22 期，2001 年 5 月。

15. 林輝，〈我國誠實信用原則研究現況評析〉，《蘭州商學院學報》，2005 年 6 月。

16. 徐剛，〈論誠實信用原則的衡平品質〉，《時代經貿》，2007 年 5 月。

17. 徐國棟，〈客觀誠信與主觀誠信的對立統一問題——以羅馬法為中心〉，《人大複印資料——民商法學》第 3 期，2002 年。

18. 唐文娟，〈論合同法中的附隨義務〉，《西昌師範高等專科學校學報》，2003 年 9 月。

19. 孫天全，〈試論禁止權利濫用原則的性質和功能〉，《北京理工大學學報》（社會科學版），2006 年 4 月。

20. 章禮強，〈對民法本位的新審思〉，《西南政法大學學報》，2002 年 11 月。

21. 陳彥良，〈未明文之法律制度之法典化——以德國民法上締約過失為中心〉，《臺北大學法學論叢》，2005 年 6 月。

22. 陳軍芬，〈再析情勢變更原則〉，《長沙大學學報》，2006 年 5 月。

23. 張春普，〈附隨義務涵義和價值理念的探析〉，《河北法學》，2001 年 3 月。

24. 黃立，〈緊急避難之利益衡量〉，《月旦法學教室》試刊號，2002 年 10 月。

25. 陽朝峰、夏勝威，〈試論誠實信用原則的價值取向〉，《長沙航空職業技術學院學報》，2003 年 9 月。

26. 曾品傑，〈附合契約與定型化契約之基本問題〉，《東海法學研究》第 25 期，

2006 年 12 月。

27. 詹森林，〈定型化約款之基本概念及其效力之規範〉，《法學叢刊》第 40 期，1995 年 4 月。

28. 楊葵，〈誠信原則在審判實踐中的運用〉，《佛山科學技術學院學報》，2001 年 10 月。

29. 暢秋霞、姚清菊，〈淺議締約過失責任〉，《經濟師》第 12 期，2002 年。

30. 劉文遠、潘亞楠，〈緊急避險制度的比較研究〉，《鄭州航空工業管理學院學報》（社會科學版）第 25 卷第 2 期，2006 年 4 月。

31. 劉正峰，〈民法誠信制度的教會法淵源〉，《法學論壇》，2007 年 5 月。

32. 錢玉林，〈禁止權利濫用的法理分析〉，《現代法學》，2002 年 2 月。

33. 謝哲勝，〈契約自治與管制〉，《河南省政法管理幹部學院學報》第 4 期，2006 年。

三、德文書籍

1. Helmut Koehler, BGB Allgemeiner Teil, 28. Auflage, Verlag C. H. Beck Muenchen 2004.

2. Larenz/Wolf, Allgemeiner Teil des Bureglichen Rechts, 8. Auflage, Verlag C. H. Beck Muenchen 1997.

3. Ruethers/Stadler, Allgemeiner Teil des BGB, 13. Auflage, Verlag C. H. Beck Muenchen 2003.

四、網路資料

1. 郎元鵬，〈論民法基本原則的法律效力〉（http://chinalawlib.com/90350016.html；瀏覽日期：2009 年 2 月 12 日）。

2. 張水萍、馮一文，〈繼承放棄能否為撤銷制度之標的〉（http://www.chinaweblaw.com/news/n43556c8.html；瀏覽日期：2009 年 2 月 12 日）。

法學啟蒙叢書
——帶領您認識重要法學概念之全貌

　　在學習法律的過程中，常常因為對基本觀念似懂非懂，且忽略了法學思維的邏輯性，進而影響往後的學習。本叢書跳脫傳統民法教科書的撰寫模式，將民法中重要的概念，以一主題即一專書的方式呈現。希望透過淺顯易懂的說明及例題的練習與解析，幫助初學者或一般大眾理解抽象的法學觀念。

目前已出版：

本系列叢書陸續出版中……

法學啟蒙叢書　民法系列

◎ 繼　承　戴東雄／著

　　本書主要內容在說明民法繼承編重要制度之基本概念，並檢討學說與實務對法條解釋之爭議。本書共分四編，第一編緒論；第二編為遺產繼承人；第三編乃遺產繼承；第四編為遺產繼承之方法。在各編重要章次之後，皆附以實例題，並在書末之附錄上，提出綜合性實例題，以邏輯之推演方法，解決實際法律問題。

◎ 動產所有權　吳光明／著

　　本書主要在敘述動產所有權及其相關法律問題，除依民法物權編、民法物權編部分條文修正草案，以及參考九十六年三月二十八日最新公布之新「擔保物權」規定，敘述其修正說明外，另參考法院實務判決，提出實際發生之案例進行探討。希望藉由本書的介紹能幫助讀者建立清楚、完整的概念。

◎ 契約之成立與效力　杜怡靜／著

　　本書為使初學者能儘速建立契約法之基本概念，以深入淺出之方式，於理論基礎之說明上，儘量以簡潔文字並輔以案例加以說明。此外為使讀者融會貫通契約法間之關連性，書末特別附有整合各項契約法觀念的綜合案例演練，促使讀者能夠匯整關於契約法的各項觀念，並藉由本書之介紹，進入學習民法之殿堂。

法學啟蒙叢書　民法系列

◎ 贈　與　郭欽銘／著

　　本書以淺顯易懂的文字及活潑生動的案例，介紹我國民法有關贈與規定之學說與實務見解，期使讀者能將本書知識與現實生活中之法律問題相互印證。案例演習中，若涉及民法贈與其他相關規定，本書均會詳為論述解說，因此可讓非法律人或法律初學者在閱讀時，輕易理解其內容。

◎ 承　攬　葉錦鴻／著

　　承攬的條文雖不多，但在日常生活中卻常出現，相當值得我們注意。本書除了介紹承攬的每個條文及其相關實務見解外，對於學說上見解亦有所說明，希望藉由這些解說，更加豐富承攬規定的法律適用。本書內容包括概說、承攬人之義務、定作人之義務、承攬契約的效力、合建、委建與承攬，並在附錄以例題對本書重點做一回顧，希望讓讀者清楚了解承攬之全貌。

◎ 買　賣　陳添輝／著

　　為什麼買賣契約是債權契約？為什麼出賣他人之物，買賣契約有效？為什麼一物二賣，二個買賣契約均為有效？就買賣的概念而言，一般人的理解與法律規定之間，為何會有如此大的差異？本書盡力蒐集羅馬法及歐陸各國民法之相關資料，希望幫助讀者了解買賣制度之沿革發展，進一步正確掌握我國民法有關買賣規定之意義。